YouTuber公認会計士がギリギリまで教える

フリーランスになったら
まっさきに読む
お金と税金の話

公認会計士・税理士
小山晃弘

JN212384

大和書房

お金のことが全然わからないフリーランスが
百戦錬磨の「お金のプロ」に全部聞く!!!

はじめに

フリーランスなら、
マネーリテラシーくらい
持っておいたほうがよくない？

　会社員を辞めたのは37歳のとき。それ以降、フリーランスのブックライターを10年以上続けている。

「飽きっぽい」「ストレスに弱い」「命令されるのが嫌い」といった3歳児のような性格が原因で転職を繰り返していた私が、ひとつの仕事を10年も続けるなんて想像もしていなかったが、これは天職に巡り合えたというより、自分の望む生き方にようやく巡り合えたからだと解釈している。**すべてが自己責任の、自由な生き方である。**

　その一方でフリーランスにどうしても付きまとうのが、お金に関する悩みや疑問だ。

　会社員時代を振り返ると、なんだかんだで仕事は営業がとってきて、上司に割り振られた業務をこなしていれば毎月給与が振り込まれていた。

　移動や飲食で使った経費は領収書を出すとすぐに経理が現金化してくれたし、厚生年金や健康保険料も会社が天引きで勝手にやってくれた。

仕事が忙しくなったら、「バイトを入れるか給料上げてくださいよ」と上司に文句を言い、会社の業績が下がったら、「社長が無能だから」と陰口を叩いていればよかった。

会社という母体に守られながら、お金の心配をせずに本業に専念できるのが会社員のメリットなのかもしれない。

フリーランスはそんな甘い世界ではない。

私がフリーランスになったときに直面した、あるいはいま直面しているお金に関する悩みや疑問を書き出してみたい。

- 家でボーッとしていても仕事はやってこない
- 毎月のキャッシュフローが安定しない
- 病気やケガで収入が途絶える不安が常にある
- 営業、マーケティング、価格交渉などの仕方がわからない
- 時給換算すると最低賃金以下だったりしてゾッとする
- 自分の市場価値の上げ方がわからない
- 国民年金保険料、国民健康保険料が意外と高い
- 「経費」といっても結局は自腹であることに気づく
- 会計・経理・税制などの知識がまったくない
- だから、記帳の仕方や確定申告の仕方もわからない
- ローンが組めない、クレジットカードがつくれない、社会的信用がない
- 定年がないので何歳まで働くのか想像がつかない
- 稼ぎが増えても人を雇う気になれない
- 稼ぎが増えても法人化すべきかわからない
- 稼ぎが増えても余ったお金をどう活用すればいいかわからない
- 稼ぎが増えても税金として国に没収されるむなしさがある
- （最近では）インボイス制度の意味がさっぱりわからない

すでにフリーランスをされている方なら共感していただけることが多いだろう。

お金に関する知識や判断力のことを「マネーリテラシー」という。フリーランスである限りは自分の本職に注力したいところではあるが、一人親方・一人社長という事実から逃れることはできず、身につけたいマネーリテラシーはこのように多岐にわたる。

　法律的なことや細かい手続き的なことは専門家に任せればいいものの、フリーランスとして長くやっていくためには、広く浅くマネーリテラシーを高める必要がありそうだ。

　本書では、いま挙げたような、フリーランスが直面しやすいお金に関する悩みや疑問を、人気YouTuber会計士の小山晃弘先生にぶつけていく。

　小山先生は大手監査法人で実務経験を積んだのち、20代で税理士法人を開業。経営者として事務所を拡大させる傍ら、資格予備校の講師やYouTuber活動、コンサルティングなど多方面で活躍されている、まさに「お金のプロ」である。

　せっかくの機会なので、フリーランスを代表していろんなことを聞いてみたいと思う。日本中のフリーランスの背中を押せることを願って。

郷 和貴

わかってしまえば超おトクなお金の知識 ゼロから超やさしく、ギリギリまでぶっちゃけます！

　本書を手にとってくださりありがとうございます！　公認会計士の小山晃弘です。大手監査法人を経て27歳で独立し、現在は会計士・税理士事務所の代表ほか数社の経営に加え、YouTuber活動も行っています。おかげさまで、チャンネル登録者数は10万人です。

　私が会計士として日々、お客様の税務会計上の問題を解決したり、SNSなどを通して積極的に情報を発信したりしているのは、ひとえに**日本人のマネーリテラシーを高め、頑張っている人がちゃんと報われる社会**になってほしいと願っているからです。

　今回の本は、そのターゲットをフリーランスの方々に絞った内容になります。

　お金は生きていくうえで欠かせない存在です。しかし、**社会が複雑化した結果、「仕事を通して生み出す価値」と「その対価であるお金」が必ずしも比例しない**という現実があります。

　たとえば、日本の公立学校の先生はブラックな環境下でどれだけ素晴らしい指導をしても対価（年収）は4万7000ドル。でもルクセンブルクに行けば、はるかにホワイトな環境で11万2000ドルの対価が支払われます（OECD「図表で見る教育2023」より）。

　あるいは、自分の子どもや孫たちが安心して暮らせるように必死に仕事を頑張って金融資産を6億円貯めたとしても、自分の死後、日本人ならその55％（基礎控除などは除く）が国に没収されますが、シンガポールの人は丸々相続できます。

あえて極端な例を出しましたが、結局、**マネーリテラシーとは複雑化した社会をブラックボックスのまま放置せず、そこにあるルールやロジックを知ること**です。

　将棋のルールを知らないと最適な打ち手がわかりませんし、サッカーのルールを知らないと最適な戦術がわかりません。当たり前ですね。
　でも実はお金を稼ぐ行為も一緒です。
マネーリテラシーがないと自分の価値を最大化する方法や、出費を抑えるベストな方法もわかりません。
　それなのに多くの人はルールやロジックを知ろうともせずに、漠然と不安を抱えながら「頑張っていれば報われる」と信じています。場合によってはルールやロジックを知り尽くしている強者に利用されることもあるでしょう。

　その点、**フリーランスは複雑化した社会に裸一貫で飛び出す身です。どう攻めるかもどう守るかも自分次第。** 仕事の対価を会社に一方的に決められる会社員との決定的な違いはここです。
　だからこそ、フリーランスにとって最低限のマネーリテラシーを身につけておくことが重要だと思っています。

　もちろん、お金のためだけに仕事をするわけではありません。ただ、せっかく同じ労力をかけるなら、少しでもお金を増やして人生の選択肢を広げたほうがいいに決まっています。
　お金を稼ぐ本質は選択肢が増えて自由になれること。 この本がその一助になれば幸いです。ではさっそく本題に入りましょう！

小山 晃弘

CONTENTS

はじめまして！　公認会計士の小山です！

わかってしまえば超おトクなお金の知識

PART 1

独立してやっていくための
キホンを学ぼう

かーなーり丁寧に
説明していきます！

PART 2

ゆる～く始めて
いきましょう！

ややこしいインボイス制度の 最適解を知ろう

PART 3

知らないとガチで
失敗しますよ！

間違える人続出の 確定申告を覚えよう

PART 4

とっつきにくい会計の知識を使えるようになろう

極限までシンプルにしました！

PART 7

サクッと覚えちゃいましょう！

法人化するメリット・デメリットを見てみよう

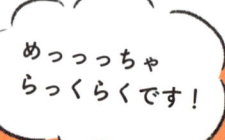

PART 11

そろそろヤバい日本の 脱出も考えてみよう

働いたらほぼ負け 確定かもよ？

おわりに

本書に登場する人

こ　やまあきひろ
小山晃弘先生

自由を愛するあまり最大手監査法人を辞め、起業した公認会計士の先生。
開業1期目にクライアントを100社以上獲得するなど、異例のスピードで成長。「型破りな会計士」として、複数法人を経営。起業プロデュース、営業支援コンサルティングも行い、YouTuber会計士としても活躍。業界最大手の専門学校「TAC」でも教えているスゴイ人。

ごう　かずき
郷　和貴

育児をしながら月に1冊本を書くブックライター。転職を繰り返した末に37歳でノリで脱サラ。試しにはじめたブックライティングでヒット作を連発し、気づいたらフリーランス歴10年。その間、「駐在夫」としてスイスとアメリカでの生活も経験。マネーリテラシーは低め。

＊ 本書中に登場する制度等は、とくに記載がない限り、2024年11月時点の情報です。法改正その他により、税率などは変更される可能性もありますので、ご注意ください。

＊ 本書に記載されている情報は、一般的なフリーランスを前提としています。職種や事業内容によっては該当しない場合や、状況が異なる場合もありますのでご了承ください。

＊ 本書の情報については細心の注意を払っております。ただし、正確性および完全性等を保証するものではありません。個別の商品の詳細については、銀行や証券会社などに直接お問い合わせをお願いします。

＊ データや数値等はわかりやすいよう、一部簡略化などの加工を行っております。

＊ 本書は情報提供を目的としており、特定の金融商品の売買や投資の推奨を目的とするものではありません。

＊ 情報の利用によって万一損害を被ったとしても、出版社および著者は責任を負いかねます。投資にあたっての最終的な判断はご自身の責任においてお願いします。

PART 1

独立して
やっていくための
キホンを学ぼう

かーなーり丁寧に
説明していきます！

「未来への不安」がいとも簡単に吹き飛ぶ方法がある！

まず
コレ！
超重要

- ✓ 半年〜1年分の生活費があれば安心
- ✓ 家計簿を使って「お金を見える化する」
- ✓ 仕事を完了してからどれくらいの期間で報酬が振り込まれるのかを確認

 小山先生、よろしくお願いします！　取材前に先生のYouTubeを拝見しました。

私も白いマセラッティが似合う男になりたい！

 そこですか（笑）。なんでも聞いてください！

 まずは、いま独立を検討している人に向けた話をしたいんですけど、独立をするときの一番の不安って、やはり「食っていけるのか？」だと思うんです。
毎月の安定収入がなくなるって怖いじゃないですか。命綱がなくなるというか。

 気持ちはよくわかります。どうしても生活が不安で独立の踏ん切りがつかないなら、**「半年分」ないし「1年分」の生活費を貯金したうえで独立する**ことを、私はよくすすめています。たとえ仕事が軌道に乗らなくてもひもじい思いをすることもないし、最悪、会社員に戻るための猶予もできますからね。

 要は、不安だったら自分で命綱を用意すればいいということですね。

 はい。いまの話ってすごく当たり前のように聞こえるかもしれませんけ

ど、「自分の生活レベルを落とさないためには年間いくら必要なのか」って、意外と把握していない人が多いんです。

たしかに！　私は「あったら使う派」なので把握していません（笑）。

そういう人は多いでしょうね。家計簿をつけるようにすれば理想的ですけど、そこまでやらなくても、エクセルでだいたいの計算ってできると思うんです。それを一度やってみるといいかもしれないですね。

	A	B	C	D	E	F	G
1	前月繰越	150,000					
2							
3		日付	内容	収入	支出	残高	
4		6月1日	スーパー買い物		10,000	140,000	
5		6月3日	家賃支払		100,000	40,000	
6		6月5日	給料	250,000		290,000	
7		6月6日	電気代		5,000	285,000	
8		6月9日	病院代		1,500	283,500	
9		6月10日	副業入金	20,000		303,500	
10		6月12日	外食		5,000	298,500	
11		6月15日	携帯代		6,000	292,500	
12							

	A	B	C	D	E	F	K	L	M	N
2			1月	2月	3月	4月	9月	10月	11月	12月
3		給与	250,000	250,000	250,000	250,000	250,000	250,000	250,000	250,000
4	収入	賞与	0	0	0	0	0	0	0	500,000
5		副業	100,000	100,000	100,000	100,000	100,000	100,000	100,000	100,000
6		収入合計	350,000	350,000	350,000	350,000	350,000	350,000	350,000	850,000
7		家賃	100,000	100,000	100,000	100,000	100,000	100,000	100,000	100,000
8		水道光熱費	12,000	12,000	10,000	8,000	12,000	8,000	8,000	12,000
9		携帯代	6,000	6,000	6,000	6,000	6,000	6,000	6,000	6,000
10	支出	食費	50,000	50,000	50,000	50,000	50,000	50,000	50,000	50,000
11		衣服代	10,000	20,000	10,000	20,000	10,000	20,000	10,000	20,000
12		交際費	30,000	30,000	30,000	30,000	30,000	30,000	30,000	50,000
13		その他	20,000	20,000	20,000	20,000	20,000	20,000	20,000	20,000
14		支出合計	228,000	238,000	226,000	234,000	228,000	234,000	224,000	258,000
15	収支合計		122,000	112,000	124,000	116,000	122,000	116,000	126,000	592,000
16										

「仕事をしたから即入金」とは限らない

「安定」という意味でいうと、フリーランスって仕事を納品してから入金されるまでのタイムラグが大きい職種もありますよね。私、最初はそ

れで困ったんです。

 そもそもビジネス取引って現金商売じゃないことが普通ですからね。会社員の「毎月払い」に慣れていると、そこで戸惑う人も多いかと思います。

 なかには「1万円未満の支払いは1年に1回、まとめて払います」みたいなクライアントもいて驚きましたよ。

「いやいや、それ俺の金だろう。1年先でもいいけど利息つけて返せよ」 って話で。

 それはたしかにひどいかも。一応、下請法では「納品日から60日以内に支払え」というルールがあって、期日が遅れたら延滞のペナルティを支払わないといけません。

 そんな法律があるんですか!?　そもそも支払い条件が「月末締めの3か月後払い」みたいに、最初から60日ルールを無視した会社ばかりですよ。しかも職業柄、本の発売日が納品日とみなされることが多いので、原稿を納品してから原稿料や印税が振り込まれるまで半年とか1年待つこととかザラにあります。

 悪しき習慣は正すべきだと思いますけど、そこが改善されたとしても、

フリーランス駆け出しのころの収入が不安定になることは避けられないのかなとも思います。

だからこそ、先ほど言ったように、ある程度の貯蓄をしたうえで事業をはじめると生き延びやすいのかなと思うんです。

 そういえば、会社を辞めたあとだと**失業保険**をもらうこともできますよね？

 基本的にはできません。フリーランスをはじめた人、あるいはその準備に専念している人は再就職しようと思っているわけではないので**失業保険の受給対象外**となります。

再就職か独立かを決めあぐねている人で、ハローワークに定期的に通って採用面接を受けているなら受給できるでしょうけどね。

でも、そんな人でも<u>個人事業主の届出を提出した時点で受給対象外</u>になります。仮に収入がゼロでも「仕事はある」という状態になりますから。

失業保険の対象者は

「失業状態であり再就職の意思がある。かつ雇用保険の被保険者期間が条件を満たす人」

ただし、フリーランスになる予定でも申請次第で対象者になる！

【失業保険を受け取るための3つの条件】

①離職日以前の2年間で被保険者期間が12か月以上あること※

②事業をまだ開始していない（開業届を出していない）こと

③求職活動を行っていること

※自己都合で退職した場合

「しぶとく生き残る人」がやっている、たった1つの考え方

- ✓ 軌道に乗るまでは「なんでも屋」でもいい
- ✓ プライドが高いと、生きにくい方向になっていく
- ✓ 築いた人脈は切り捨てないほうがいい。円満退社を忘れないで！

 自分で話を振っておいてなんですけど、貯金の話って養う家族がいるかどうかで事情が変わると思っているんです。独身で、初期投資がかからない職種ならさっさとやればいいのに、と思ったりもします。

 私も同感です。郷さんはどのタイミングで独立されたんですか？

 37歳、独身、貯金ゼロ、ブックライティング経験なし。

 **チャレンジャー（笑）。**

 実は知り合いから「ミャンマーで起業するから移住してくれない？」と言われて、面白そうだったから会社を辞めたんです。そうしたら結局プロジェクトがなくなって、気づいたら無職。
でもこれは自分を試せるいい機会だと思って、最初の1年くらいは、自分が持っているスキルを強引にお金に換えるみたいなことをしていましたね。

 どんなことを？

 前職がイベントの装飾業者だったので、広告代理店の下請けみたいな仕事をしたり、ウェブの知識がないのに元プログラマーということで企業のホームページをつくったり、金融知識がないのに帰国子女ということ

でヘッジファンドの資料を和訳したり、不動産のド素人なのに香港人に頼まれて不動産開発会社の日本法人の社長をしたり。

 ### 最後のそれ、ちょっと危ないやつですね。

 怖くなってすぐやめました（笑）。ほかにもデザインを少しかじっていたので名刺や飲食店のロゴをつくるなんてこともしたなぁ……。「フリーランスのなんでも屋」状態でしたね。

 というか、郷さん何者ですか（笑）。

 転職を6回している、ただのジョブホッパーです（笑）。

10年続いているいまの仕事も、「元釣り雑誌編集者」という小さなとっかかりからはじまっただけで、本なんて書いたことも編集したこともなかったんです。いろいろやるなかでたまたまブックライティングが軌道に乗ったという話で、決め打ちで「これをやる！」みたいなことはなかったですね。

 しかもすごい営業力じゃないですか。

 実はほとんど友人の紹介なんです（笑）。だから独立に不安な人へ私からアドバイスができるとすれば、**「人脈を広げておくか、人脈の広い友人を持て」**。

趣味仲間とか、同級生とか、居酒屋の常連とかでお互いに仕事を融通しあうって、けっこうある話じゃないですか。

 たしかにそこは真実かもしれない。

 あと、私みたいに節操なくいろんな業種を経験している人って、会社員としては信用されないかもしれないですけど、フリーランスとしてはしぶとく生き残れる気がしているんですよね。

▼ フリーランスが人脈を広げるコツ

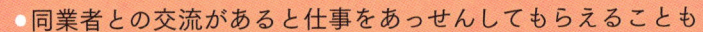

- 自分を高く評価してくれている知人に相談
- 世話焼きで顔が広い人に可愛がってもらう
- ビジネスマッチングアプリの活用（LinkedInなど）
- 同業者との交流があると仕事をあっせんしてもらえることも
- 異業種との交流は量と質の両方が大事
- 情報発信や訪問営業などでガンガン攻める
- 数珠つなぎのように人脈もつないでいく（Aさんに紹介してもらったBさん。BさんにCさんを紹介してもらう）

「ヤバくなったら日雇いバイト」の精神

 どれくらいで収入は安定しました？

 1年はかかりましたね。とくに最初の半年くらいは、日払いでお金がもらえる清掃バイトや単発バイトで毎月の固定費を稼いでいました。
深夜はコンビニでポリッシャーを回して、日中はホームページつくったり、取材に行ったり、原稿を書いたりする生活でしたね。

 ずいぶん苦労されたんですね。

 これが不思議なもので、あまり「苦労」と感じないんですよね。不満が

あったら「上司のせい」「会社のせい」「国のせい」にできる会社員と違って、**フリーランスはすべて自分で選んだこと**なので「まあ、仕方ないか」と現実を受け入れやすくなるんだと思います。

はたから見るとただの「フリーターおじさん」ですけど、私のなかでは「収入が足りなくなったら単発バイトで補えばいいじゃないか」という感覚でした。

 たしかに、フリーランスになると時間の使い方は自由ですから**隙間時間を副業で埋める**ことができるんですよね。

 そうなんですよ。そこで**けっこう邪魔になるのは単なるプライド**だということに気づけたのが大きかったと思います。

「俺はこれで独立するぞ！」と決めてそれ一本で生活できるのは理想かもしれないですけど、私みたいな泥臭い独立の仕方もあるということは、ちょっと伝えておきたい気がします。

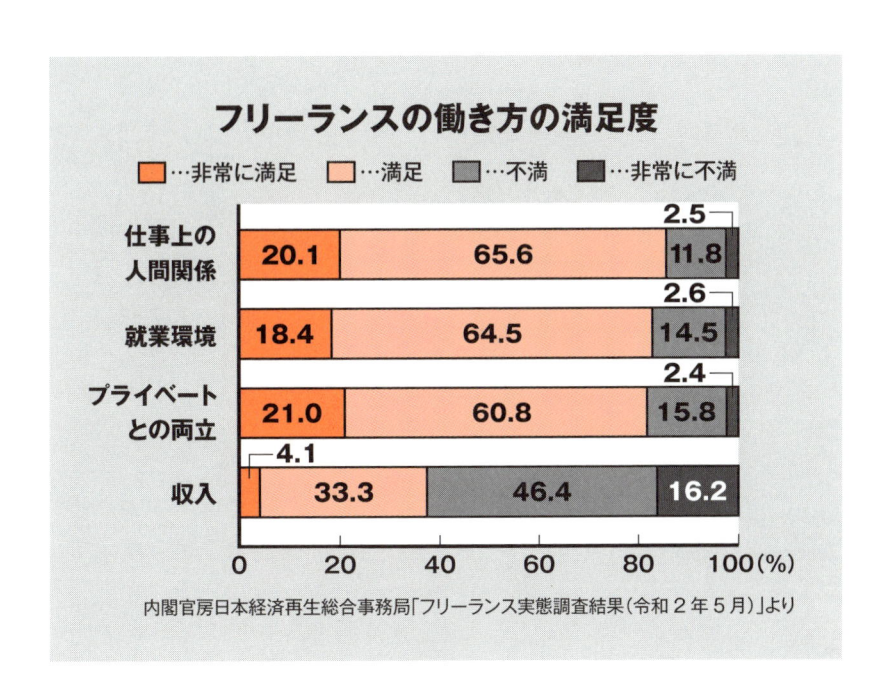

フリーランスの働き方の満足度

■…非常に満足　■…満足　■…不満　■…非常に不満

	非常に満足	満足	不満	非常に不満
仕事上の人間関係	20.1	65.6	11.8	2.5
就業環境	18.4	64.5	14.5	2.6
プライベートとの両立	21.0	60.8	15.8	2.4
収入	4.1	33.3	46.4	16.2

内閣官房日本経済再生総合事務局「フリーランス実態調査結果（令和2年5月）」より

ちなみに、最近はどの企業も人材不足なので、「出戻り入社」や「アルムナイ（卒業生）採用」が増えているみたいです。郷さんは会社員に戻ることは考えました？

 元いた会社も含め、誘いはいくつかありましたけど、ギリギリ生活できていたので断りました。
でもたしかに、最悪、会社員に戻れるということは安心材料として大きかったと思います。フリーのライターから正社員の編集者に転職した人にも何人か出会いましたし。

 税理士でもよくあることです。そういう意味では、いまの会社にどれだけ不満があっても**退職するときは円満に退社したほうがいい**かもしれないですね。私も監査法人を辞めるとき、将来なにがあるかわからないので、めちゃくちゃ低姿勢で退社しましたよ。

 編集者やデザイナーとして独立した人で、元いた会社から半年分とか1年分の業務委託を約束されて辞める人なんかもいますからね。

 そうそう。独立する側も人材を失う側もソフトランディングができる、うまいやり方だなと思います。

仕事が少ないうちは、「扶養内で」やりたいことをやる

- 家族の扶養に入ったまま個人事業主になれる
- 「税制上の扶養」と「社会保険制度における扶養」の2種類がある
- 年収から控除額と経費を引いた金額で判断される

 ちなみに、郷さんはいまご結婚されていますけど、奥さまは会社員ですか？

 バリキャリです。私より稼いでいるので**「しょぼい仕事は受けないで、でっかい印税が狙える仕事だけ選べ！」**と言われております（笑）。

 それは頼もしい（笑）。既婚者でフリーランスになることを考えている人にアドバイスをするとすれば、**夫婦のどちらかは会社員を続ける**という選択は、安定性という意味ですごく有利だと思います。

 それは間違いない。あ、でも扶養に入った状態で個人事業主ってなれるんですか？　たとえば育児のために休業中の人がフリーランスとして仕事に復帰するとか、実家暮らしの若者が独立するなんてこともありますよね。

 個人事業主としての収入が低ければ可能です。そこそこ収入が高くなったら扶養を抜けないといけません。

 制度的には可能なんですね。

 はい。「扶養に入る」といっても大きく2種類あって、ひとつは一家の

納税者が所得税や住民税を支払うときに「配偶者控除」あるいは「配偶者特別控除」というものを受けられること。

「養う家族がいる人は税金を少し安くしますよ」みたいな制度。

そう。で、この制度を使うには**個人事業主としての所得が133万円以下**じゃないといけません。48万円未満だと「配偶者控除」、48万円〜133万円以下の範囲だと「配偶者特別控除」。もちろん、一家の納税者の年収が高すぎたら使えませんけど。

配偶者控除、配偶者特別控除を受けられる条件

【配偶者控除が受けられる条件】

・納税者の所得が1000万円以下、配偶者の所得が48万円以下（その年の12月31日時点）
・納税者と生計を一としている、民法上の婚姻関係にある配偶者
・青色申告者や白色申告者の事業従事者ではない

控除を受ける納税者の合計所得金額	控除額
900万円以下	38万円
900万円超950万円以下	26万円
950万円超1000万円以下	13万円

【配偶者特別控除が受けられる条件】

・納税者の所得が1000万円以下、配偶者の所得が48万円を超え133万円以下（その年の12月31日時点）
・納税者と生計を一としている、民法上の婚姻関係にある配偶者
・青色申告者や白色申告者の事業従事者ではない

		控除を受ける納税者の合計所得金額		
		900万円以下	900万円超950万円以下	950万円超1000万円以下
配偶者の合計所得金額	48万円超95万円以下	38万円	26万円	13万円
	95万円超100万円以下	36万円	24万円	12万円
	100万円超105万円以下	31万円	21万円	11万円
	105万円超110万円以下	26万円	18万円	9万円
	110万円超115万円以下	21万円	14万円	7万円
	115万円超120万円以下	16万円	11万円	6万円
	120万円超125万円以下	11万円	8万円	4万円
	125万円超130万円以下	6万円	4万円	2万円
	130万円超133万円以下	3万円	2万円	1万円

 アルバイトやパートをしている人で、よく「103万円の壁」とか言いません？

 給与所得がある場合は、扶養に入れるかどうかの境界線が103万なんです。でも個人事業主は給与所得ではないので、前述した**48万や133万が境界線**になります。

 なるほど。じゃあ、2つ目の「扶養に入る」とは？

 社会保険です。
個人事業主になると基本的に国民健康保険に入って保険料を払わないといけないんですけど、実は個人事業主としての収入が130万未満の場合、社会保険の**被扶養者要件**に当てはまるんです。

 被扶養者要件？

 要は扶養に入る権利があるということですね。
たとえば旦那さんが会社で健康保険に入っているなら、奥さんがフリーランスになったとしても、軌道に乗るまでは旦那さんの健康保険が使えるということです。

 ## それはでかいかも！

 保険料は高いですから恩恵は大きいと思います。
話を総合すれば、個人事業主として扶養に入りたいなら意識すべきは所得税・住民税控除の「48万の壁」と「133万の壁」、そして社会保険の「130万の壁」の3つです。

とはいえ、個人事業主としてやっていこうと思っているなら、わざわざこれらの壁を意識して仕事をセーブするより、ガンガン稼いだほうがいいとは思いますけど、参考にしていただければ。

最初にやること……
それは「売上をあげる」こと
だけじゃない！

- 事業を始めたことを税務署に知らせる
- 「所得が低い＝確定申告不要」は大間違い
- 届出書に書く「事業の概要」はざっくりでいい

そういえば、私は先ほどから「フリーランス」という言葉を格好いいからという理由だけで使っていますけど、「個人事業主」と同義語だと思っていいですよね？

フリーランスの大半は個人事業主なので、ほぼ同じだと思っていいですけど、厳密には違います。

え!?

まず、自分で事業を起こしている人は全員、「自営業」といいます。個人事業主だろうと、フリーランスだろうと、個人事業主から法人成りした経営者だろうとみんな自営業です。

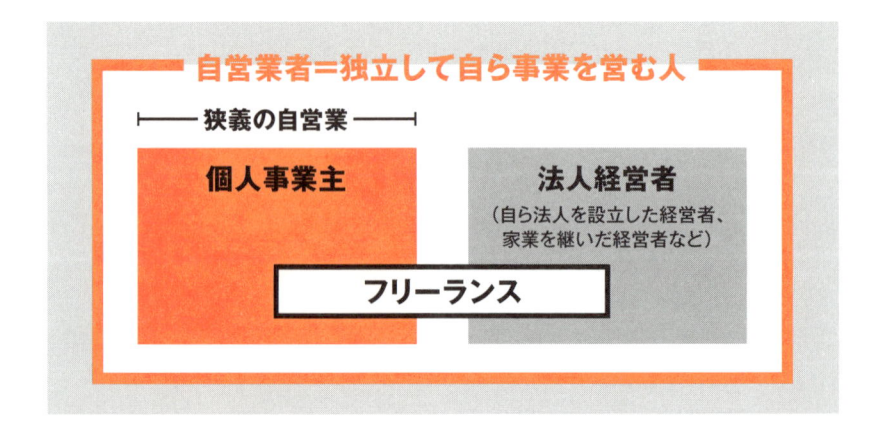

で、「個人事業主」とは**「個人事業の開業届※」**を税務署に提出した人のことで、税制上の呼び方になります。

一方の「フリーランス」ってどちらかというと働き方の呼び名なんですね。つまり、自分のスキルや知識を武器に、ある事業主から業務委託などを受けながら一人で仕事をしている人のこと。

だから、個人事業主とフリーランスはニアリーイコールなんですけど、個人事業の開業届を出していない人も含む呼び名がフリーランスだと思ってください。

※ 正式には「個人事業の開業・廃業等届出書」

へ〜っ！　開業届を出さなくてもペナルティはなし

 ちなみに郷さんはいつ開業届を出しました？

 独立して半年くらいして、ブックライターとしてやっていけそうと思ったタイミングでしたね。

当時ネットを調べていたら、「事業開始後1か月以内に届出を出せ」みたいなことが書いてあって、焦って出しましたけど、届出をしていなかったらどうなっていたんですか？

 なにも罰則はないです。

 ## ないんかい（笑）！

 というのも個人事業の届出をしていないフリーランスでも、**年間所得が48万円以上**の人ならどのみち確定申告は必要だからです※。

※ 雑所得の区分になる

48万？

基礎控除が48万円なんです。つまり、年間所得が48万円未満なら所得税がかからないので確定申告はしなくてもいい、と。

ただし、所得が低くても確定申告をしない限りは行政がその人の収入を知りえないですよね。ということは、生活保護や国民健康保険料の減額などの恩恵が受けられません。だから、たとえ**低収入でも確定申告はしたほうがいい**です。

なるほど。

開業届を出していないフリーランスがこうむる不利益を挙げると、こんな感じですかね。

- 55万円（最大65万円）の控除ができる青色申告[1]ができない
- 赤字の繰り越しができない（青色申告のみ）
- 事業用のクレジットカードがつくれない
- 屋号[2]を使った事業用の銀行口座が開設できない
- 補助金や助成金が受けられない
- 家族への給与を経費にできない（青色申告の場合）[3]

[1] 個人事業の届出をする際に「青色申告」か「白色申告」かを選ぶ。詳しくはPART3にて
[2] 屋号とは個人事業主にとっての社名のようなもの。届出時は空白でも構わない。のちに決まったら確定申告時に屋号を記入すればいい
[3] 白色申告をすれば事業専従者控除を適用できる

ああ。私はいま青色申告なので、影響を受けたとすれば65万円の控除だけですね。白色申告だったらなにも影響はないです。

そう。やっぱり青色申告ができることが一番大きいですね。

えっっっっ？「事業」はコロコロ変えていい？？？

届出の話で思い出しましたけど、この前、久しぶりに個人事業の届出書を見返したら、「事業の概要」に「フリーライター、イベントコーディネーター（通訳・翻訳・施工管理）、デザイナー（グラフィックデザイン・WEBデザイン・インテリアデザイン）」って書いていて、当時の迷走ぶりを思い出しました（笑）。

これ、事前に書いておかないと経費が認められないんでしたっけ？

そうです。だから**「こんな事業もやるかも」と思ったら書いておいて損はない**です。

事業の概要が変わるときって改めて届出をするんですか？　YouTubeで教養コンテンツをつくることにもちょっと興味があって。

いいじゃないですか。届出は不要で、毎年確定申告するときに**職業を書く欄**がありますよね。そこに書き足せばいいだけです。YouTuberをはじめるなら「広告業※」と追記するだけです。

※ YouTubeの収益は広告収入からくるため。支払いを行うグーグルアドセンス社は米国企業のため、消費税は不課税（請求できない）

それはラクだ！

「○○が目標です」と言い切れる
事業計画書を書いてみよう

- ✓ 銀行から融資を受けるためには事業計画書が必要
- ✓ 目標を設定することでビジネスを客観的に把握できる
- ✓ キャッシュフローの管理は事業継続の基本

 私は完全にノープランで独立して、10年経ったいまでもノープランな人生を歩んでいますけど（笑）、事業計画とか資金計画みたいなものは本来つくるべきなんですか？

 融資を受けたり、行政から補助金などを得たい場合は説得材料として必須になります。自己資金でなんとかなる職種なら、なくても構いません。

 ## 事業計画書ってそもそもなにを書くんですか？

 ネットで「事業計画書テンプレート」で検索すればいっぱい出てきますけど、とくに大事なことは2つですね。

「どんな商品・サービスをいくらくらいで提供するか」
「どんなターゲットにどう売り込むか」
「その市場はどんな状況で、どうやって勝つか」
みたいなビジネスモデルの話がまずひとつ。

 お。ビジネスモデル系の本は何冊か書いています。

 そうそう。このあたりはビジネス書をいっぱい読めば勉強できます。

事業計画書

【創業者プロフィール】
事業に関連する経歴（最終学歴・職歴）や資格。

【創業の動機】
個人的な体験とそのときの想いを具体的に書く。

【ビジョン・目的】
社会に貢献したいという熱量を押し出す。
あえて自分（自社）がそれをやる意味も見いだせるとGOOD。

【事業概要】
どんな市場にどんな特徴の商品・サービスを提供するか、
全体像を伝える。

【市場環境】
データに基づいた市場分析の結果を詳細に書く。
政府やシンクタンクの情報など、できるだけ信用力の高い
出典元の資料を利用する。

【自社商品・サービスの強み】
競合との差別化ポイントを際立たせる。

【販売方法・販促戦略】
具体的なマーケティング戦略や規模感も説明。

【取引先情報】

複数あるほど好印象。ある程度知名度がある相手先もあると良い。
各社ごとの回収サイトや支払サイトもこちらで記載しておく。

【人員計画】

事業拡大時の採用費・人件費も想定しておく。

【売上計画】

盛りすぎはダメ。控え目もダメ。

【利益計画】

細かくチェックされるので、できるだけ現実的な数字を。
コスト情報は見積もりが取れるものは取っておく。

【設備投資計画】

機械の取得や投資が必要なものは相見積もりなどを取っておく。
その取得のための資金の調達も考えておく
（借入、リース、現金一括など）。

【資金調達計画】

自己資本比率が低いと融資は不可。

【今後の事業戦略】

マイルストーンを明記。想定リスクと対策も記載。

もうひとつはキャッシュフローの計画ですね。

事業資金が底をつかないように**「入ってくるお金の現金取引と掛取引※の割合・タイミング」**とか、**「出ていくお金の支払い条件」**などを書き出して、お金の出入りをある程度予測しておく。

売上はできるだけ早く回収して、逆に、支払いはできるだけ遅くできればキャッシュフローは安定するので。

※ クレジットカードや電子マネー払いも含む

間違いないですね。

まあ、計画を立てたからといってその計画通りにいくことはめったにないし、計画通りにいかせることを目的にする必要もないと思います。フリーランスにとって**ピボット（事業転換）しやすい身軽さや柔軟性は武器**でもありますから。

でも、飲食店やジムのように設備投資でまとまったお金が必要な事業をはじめるとか、戦略的に事業を拡大していこうと考えているなら、事業計画はつくるべきだと思います。

それにキャッシュフローにしたって、1年に1回くらい見直しをかけて、入金の早い仕事の割合を増やして、支払いの遅いクライアントの仕事をちょっと減らすといった調整ができるじゃないですか。

「現状を把握すること」と**「予測を立てること」**という2点において、創業時に限らず、計画を立てることには意義があると思うんです。

そうかぁ……。でも面倒くさい（笑）。

おそらく現状維持で不満がないからそう感じるんだと思います。切羽詰まったら考えますよ（笑）。

小山先生が起業されるときは、事業計画書ってつくりました？

もちろん。めちゃくちゃ市場分析もしましたし、Aという事業を軌道に乗せたら、社員を増やして次にB事業をやるかとか、どのステージではどうやって顧客を増やすかみたいな青写真もすべて描いたうえで起業しています。

それで計画通りにいっているんですか？

YouTubeが想定以上にうまくいっているので、計画より早く進んでいる感じですね。

YouTube ってそんなに儲かるんですか？

収益性という意味ではなくて、YouTubeで認知度を上げたことで若くて優秀な会計士・税理士をどんどん採用できたり、仕事の問い合わせが増えたりと、そっちのメリットが大きいです。

だから郷さんも、もしYouTubeに興味があるなら、フォロワーが増えたあとの収益化を事前に考えたほうがいいです。

わかりました！

資金調達が必要なら、「返済負担の少ない融資」を選ぼう

まずコレ！超重要

- ✅ 政府系金融機関はフリーランスに優しい融資元
- ✅ 収入が少ないなら、国保料の「免除・猶予」を検討
- ✅ クレジットカードは独立前につくっておく

 先ほどジムや飲食店の例が出ましたけど、初期投資にお金のかかる個人事業をはじめようとしている場合、開業資金を貸してくれるところはあるんですか？

 日本政策金融公庫、略称「日本公庫」の **「新規開業資金」** 制度がおすすめです。

 公庫……って銀行？

 財務省所管の金融機関で、かつての「国民生活金融公庫」「農林漁業金融公庫」「中小企業金融公庫」が統合したものです。
小規模事業者を支援するための金融機関なので、**フリーランスにとって強い味方。** 絶対覚えておいたほうがいいです。

そんな金融機関があるんですね。街中で見かけたことないですけど。

 東京都だけでも14支店ありますよ。

 へぇ。で、そこが新規開業のための融資をしていると。

 はい。ビジネスをはじめる人が最初に行くのはここと言い切っていいくらいメジャーだし、良心的です。
金利は約1〜3.5％、保証人や担保が不要で、**最大7200万円（運転資金は4800万円まで）**借りられます。

融資限度額 （うち運転資金）	7200万円（4800万円）
自己資金要件	なし
返済期間	設備資金：20年以内 運転資金：10年以内 （うち据置期間：5年以内）

 **めっちゃいいじゃないですか。** 誰でも申し込めるんですか？

 信用情報をしっかり見られるので、過去10年くらいの間に**クレジットカードやローンの支払いを延滞している人や自己破産している人は一発でアウト**かもしれません。そのあたりがクリーンな人なら、先ほど触れた事業計画次第ですね。

 ああ、やっぱり事業計画なのか。でもこういうのって、はじめて事業をする人に書けるものですか？

 ネット上でいろんなコツが紹介されていますし、はじめて事業計画を書く人に向けたセミナーもあります。会計ソフトを利用していたら、事業計画を立てるための数字がシミュレーションできる機能なんかもついています。

 へえ！！！

 あと、これは経営コンサル的な助言というか苦言になりますけど、**「事業計画を立てられないような人はそもそも大きなリスクを背負って起業すべきではない」** というのが正直なところですね。
ましてや自信がない人なら、「失敗しても大丈夫なことからはじめる」がベストなんじゃないかと。

 **ド正論ありがとうございます（笑）。**

「年金が払えない！！！」ときに使える公的制度

 いざ独立したものの、どうしても収入が上がらなくて生活が大変というときに、生活保護以外で頼れる制度ってなにかありますか？

 じゃあ、2つ紹介しましょうか。

ひとつは年金です。会社を辞めると厚生年金から国民年金に切り替わるわけですけど、失業したタイミングで国民年金保険料を納めるのが大変という人は、保険料の免除や納付猶予を受けられる制度があります。

 学生時代に使ったことがあるかも。

 それはおそらく「社会人になったら支払います」という「学生納付特例制度」ですね。それとは別に、経済的に困窮していて保険料が支払えない人のために **「国民年金保険料免除・納付猶予制度」** という制度もあるんです。市役所に行けば申請できます。

これ、けっこう便利な制度で、納付猶予、全額免除、4分の3免除、半額免除、4分の1免除と選べるんですけど、仮に全額免除を選んで保険料を1円も支払わなかったとしても、「半分は支払ったよ」という扱いになるんです。

でも受け取る年金は満額ではなくなると。

 そこはさすがに。でも、国民年金って**10年遡って保険料を追納できる**ので、独立後の最初の1年くらいは国民年金保険料を払わずにいて、事業が軌道に乗ってお金に余裕ができたら払うことができるんです。

 ということは、利息ゼロでお金を借りているようなものじゃないですか。

 免除・納付猶予の承認を受けた期間の翌年度から数えて2年以内に追納すれば、そういうことになります。3年を過ぎると追納時に加算額を払わないといけません。
ちなみに年金保険料は確定申告のときに所得から控除できるので、払ったら払ったで、節税のメリットはあります。

 ふーん。

 あと、収入があまりに低くて家賃が払えない人のために**「住居確保給付金」**という制度もあります。自立相談支援機関※が窓口です。

※ 自治体が直営、あるいは委託した社会福祉法人やNPOなど

申請できるのは**「離職・廃業から2年以内」もしくは「休業中」の人**で、貯蓄が100万円を切っているような人です。承認されると原則3か月、最大9か月分の家賃を、自治体が大家さんに払ってくれるんです。世帯人数によって支給の上限額は決まっていますけどね。

 それって、フリーランスの仕事を続けたままでいいんですか。

 もちろん。わざわざ無職になる必要はありません。

 優しい！

何があっても「リボ払い」はぜっっったいダメ！

 あと、これは脱サラを考えている人への鉄板のアドバイスですけど、フリーランスになるとクレジットカードをつくるハードルが上がるので、**会社員のうちにクレジットカードを何枚かつくっておくことはマストです。**
突然まとまった出費が必要になったときに、分割払いやキャッシングローンができるクレジットカードがなかったら、いきなり消費者金融行きですからね。

 もう、ホントそれですよ。

 もしかして経験者ですか？

 会社員時代に「出世払いだ！」と言いながら釣り具を買いまくった時期がありまして（笑）。クレジットカードのキャッシングローンとリボ払いで借金が膨らんで融資枠がなくなり、一瞬だけ消費者金融から借りたこともあります。

 あー、リボ払いだけはダメです。

 月の返済額を選ぶときに「月1万」とかにしてしまうと、金銭感覚がバグってきて、**気づいたら利息の支払いばかりで元金が全然減らなくなる**んですよね。

そう。それがワナなんです！

これはフリーランスに限らず全日本人に伝えたい。お金に困ったとしても、リボは手を出したらダメ。**あれは人を廃人にさせる麻薬です。**

私は経験で学びました（笑）。その反省もあるので、いまは口座にあるぶんしか使えないデビットカードしか基本的に持ち歩かないようにしているんですけど、いざというときのクレジットカードはもちろん持っています。

そういえば、仕事でクレジットカードを使って利息を払ったときって、経費になるんですか？

もちろんなります。利息は「支払利息」という勘定項目で処理してください。

クレジットカードだけではなく、たとえば仕事で使う車のローンを組んだときや、運転資金を借りるビジネスローンを組んだときも利息は経費にできます※。

※ クレジットカードの分割払いや車のローンのように、特定の目的のための借入の元本部分は「未払金」として記帳する。用途を限定しないビジネスローンは返済期間に応じて「短期借入金（1年以内）」か「長期借入金（1年超）」と記帳する

PART 2

ゆる〜く始めて
いきましょう！

ややこしい
インボイス制度の
最適解を知ろう

- ✅ インボイス制度とは「消費税の話」
- ✅ 「適格請求書発行事業者」は登録制
- ✅ 適格請求書がないとクライアントが損をする

 インボイス制度について質問していいですか？

 もちろん。私も問い合わせはたくさん受けました。2023年10月1日からスタートしましたけど郷さんは登録されていますか？

 実は、制度がはじまったときアメリカに住んでいたので、まだなんです。いろんなフリーランスの団体が制度導入に反対していたのは知っていますけど、結局のところ、インボイス制度ってなんですか？

 ものすごく簡単にいえば、<u>「クライアントから支払われる消費税を自分の懐に入れないでね」</u>という制度。もう少し具体的にいうと「いままで消費税の納税を免除されていた売上1000万円を超えないフリーランスも、消費税を国に納める『課税事業者』になってね」という制度です。あくまでも任意ですけど。

 なぬっ！ **反対のプラカードもって霞が関行ってきます！**

 もうはじまっていますから（笑）。

 10％って、フリーランスにとってめちゃくちゃでかいですよ。年商500万なら50万。会社員のボーナスくらいあるじゃないですか。それを国が徴収しますという話ですよね？

全額ではないですよ。業種によって納める税率は違いますけど、ライターのようなサービス業なら、ざっくり半分くらい※。

※ 後ほど説明する簡易課税を選択した場合

25万でもありえねぇ……。 この制度が導入された「表向きの理由」はなんですか？

現在、消費税は標準税率の10％と軽減税率※の8％が混在しているんですけど、税額や税率をきっちり把握するため、というのが表向きの理由ですかね。

で、きっちり把握するための手段として導入されたのが「適格請求書」と呼ばれる請求書のフォーマット。「インボイス」とは「適格請求書」のことです。

※ 外食と酒類を除く飲料食品、および週2回以上発行される新聞が対象

へ？　私が出版社に請求書を出すとき、「消費税10％」ってちゃんと書いていますけど。

請求者の『登録番号』を書かないと『適格請求書』とはみなしません、というルールになったんです。

登録番号？　あ、インボイス事業者として登録したら番号をもらうんですか？

そうです。

で、クライアントに送る請求書が「適格請求書」じゃないとなにが起きるんですか？

ざっくりいえば**クライアントが損をします。**だからインボイス事業者として登録していないフリーランスはクライアントから敬遠されて、仕事が減るとか、値下げ圧力がかかるんじゃないかという不安があって、反対の声が上がったんです。

実際、制度がはじまってみて、どんな感じなんですか？

インボイス事業者に登録したフリーランスが免税事業者に戻る※という現象が起きているみたいです。

※登録から一定期間は戻れない可能性がある

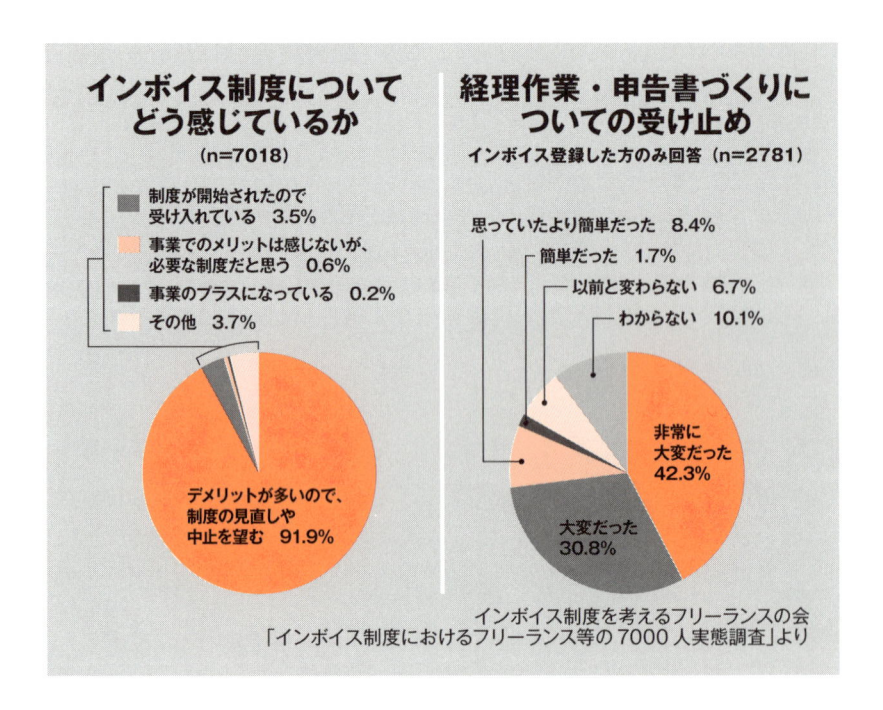

インボイス制度についてどう感じているか（n=7018）

- 制度が開始されたので受け入れている　3.5%
- 事業でのメリットは感じないが、必要な制度だと思う　0.6%
- 事業のプラスになっている　0.2%
- その他　3.7%
- デメリットが多いので、制度の見直しや中止を望む　91.9%

経理作業・申告書づくりについての受け止め

インボイス登録した方のみ回答（n=2781）

- 思っていたより簡単だった　8.4%
- 簡単だった　1.7%
- 以前と変わらない　6.7%
- わからない　10.1%
- 非常に大変だった　42.3%
- 大変だった　30.8%

インボイス制度を考えるフリーランスの会「インボイス制度におけるフリーランス等の7000人実態調査」より

え！！　じゃあ、私は免税事業者のままでいいです。
以上、お悩み終了。

まあ、それでもいいですけど（笑）、もう少し詳しく説明しておきましょう。

ぶっちゃけ、消費税のことも よくわかりません！ 消費税の仕組みをざっくり解説

まず コレ！ 超重要

- ✅ 消費税は「最終消費者」にかかるもの
- ✅ 消費税は本来「預かっているもの」
- ✅ インボイス制度の「完全実施」はまだ先！

 そもそも消費税とはなにかという話からしますね。郷さんが文房具屋さんで100円のペンを買ったら、消費税として商品の10％にあたる10円を上乗せしてお店に支払いますよね。私たちが日本国内で商品を買ったり、サービスを受けたりするときに徴収されるのが消費税ですから※。

※ 2023年度の消費税による税収は23.9兆円。法人税収入よりも多く、日本政府にとって最大の財源となっている。家電量販店などで訪日外国人に向けたDUTY FREEがあるのは、自国に持ち帰る商品には消費税がかからないため

 ## 薄〜く、広〜くかすめとる作戦。

 そういうこと。でも、消費者である郷さんが日々の買い物をすべて記録して、1年に1回、まとめて消費税を払うのは大変ですよね。だからその徴収を、文房具屋さんが代わりにやってくれているだけなんです。
その10円は店主の晩酌代にしてもらうために支払ったわけではなく、国に納める税金として支払ったんです。

 そういわれてみるとそうだ。

 だから本来、<u>消費税を受け取った事業者は、「消費税を一時的に預かっている」だけ</u>。税金徴収の代行者として。

 ということは……企業はちゃんと消費税を国に払っているんですか？

年1回か、年2回、年4回、年12回でちゃんと払っています。で、こうやって預かった消費税を納税する事業者のことを「**課税事業者**」っていうんです。法人でもフリーランスでも、年間の売上が1000万円を超えた年の2年後は自動的に課税事業者になります。

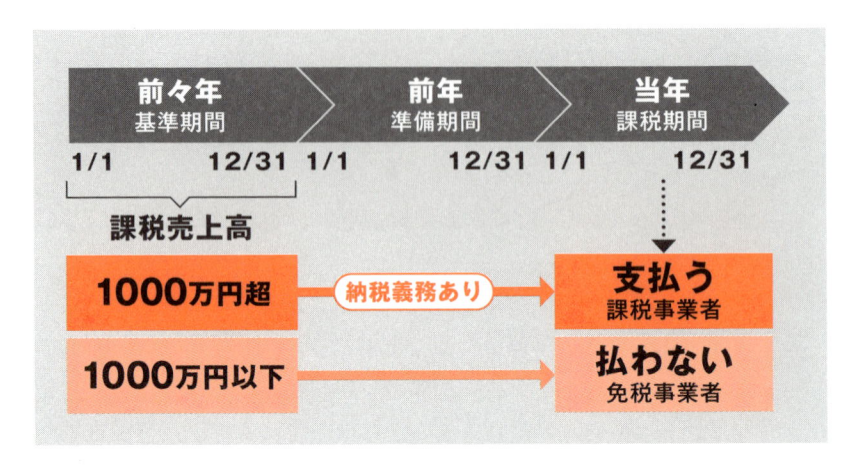

で、免税事業者は……。

お客さんから預かった消費税を納税せず、**売上として計上していいん**です。こちらは逆に、年間の売上が1000万円を超えない小規模事業者が対象。小さな文房具屋さんなら、郷さんが支払った10円が店主の晩酌代になっている可能性は大いにあると（笑）。

ということは……国は「インボイス事業者」って格好いい名前をつけていますけど、実質的には「課税事業者」のことじゃないですか。

そうなんです！　ただ免税事業者の制度を強制的になくしたら自民党は選挙で落ちるだろうし、そうかといって、「国の予算がピンチなんです！　みんな課税事業者になってください！　ご協力お願いします！」って言ったところで免税事業者は聞く耳を持たないですよね。

当たり前です（笑）。

 だから「インボイス制度」という、**免税事業者に対して「間接的に圧力がかかる仕組み」を導入した**と解釈すると、この制度の理解が進むと思います。

クライアントが損をするってどういうこと？？？

 先ほど「クライアントが損をする」とおっしゃっていましたけど、どういう意味ですか？

 文房具屋さんのたとえでいうと、郷さんがそこの店主で、出版社がお客さんだと思ってください。出版社が郷さんから110円でペンを買って自分たちで使ったら、10円の消費税は支払いっぱなしですよね。その10円を郷さんが国に納めようと、晩酌代に使おうと、出版社は知ったことではありません。国が、10円を取りっぱぐれて悔しがるだけの話です。

 そうですね。

 でも仮に、出版社が郷さんから買ったペンを加工して、私に300円で売るとしましょう。私は商品価格の300円プラス30円の消費税を出版社に支払います。すると今度は、出版社が「国に納めるべき30円」を預かった状態になるんです。

 ふんふん。

 で、ここからがポイント。「出版社は小山から消費税30円を預かっているけど、仕入れのときに郷さんにすでに消費税10円を支払っているから、**国に納める消費税は30円から10円を引いた20円だけでいいよ**」という仕組みがあるんです。

 ## な、なんでいま10円引いたんですか？

 10円を国に納めるのは郷さんの担当だからです。図にするとわかりや

すいんですけど、どんな商品やサービスでも基本的にサプライチェーンがあって、最後に最終製品があり、それを買う最終消費者がいますよね。消費税って、この最終製品にかかるというか、最終消費者からのみ徴収するというのが基本設計なんです。

でも、もし出版社が30円を国に納め、郷さんも10円を納めると、最終製品は300円なのに、国は40円ももらってしまうことになりますね。これはとりすぎ。それを避けるために、**仕入れにかかった消費税は、顧客から預かった消費税から引いていい**という「仕入税額控除」と呼ばれる制度があるんです。

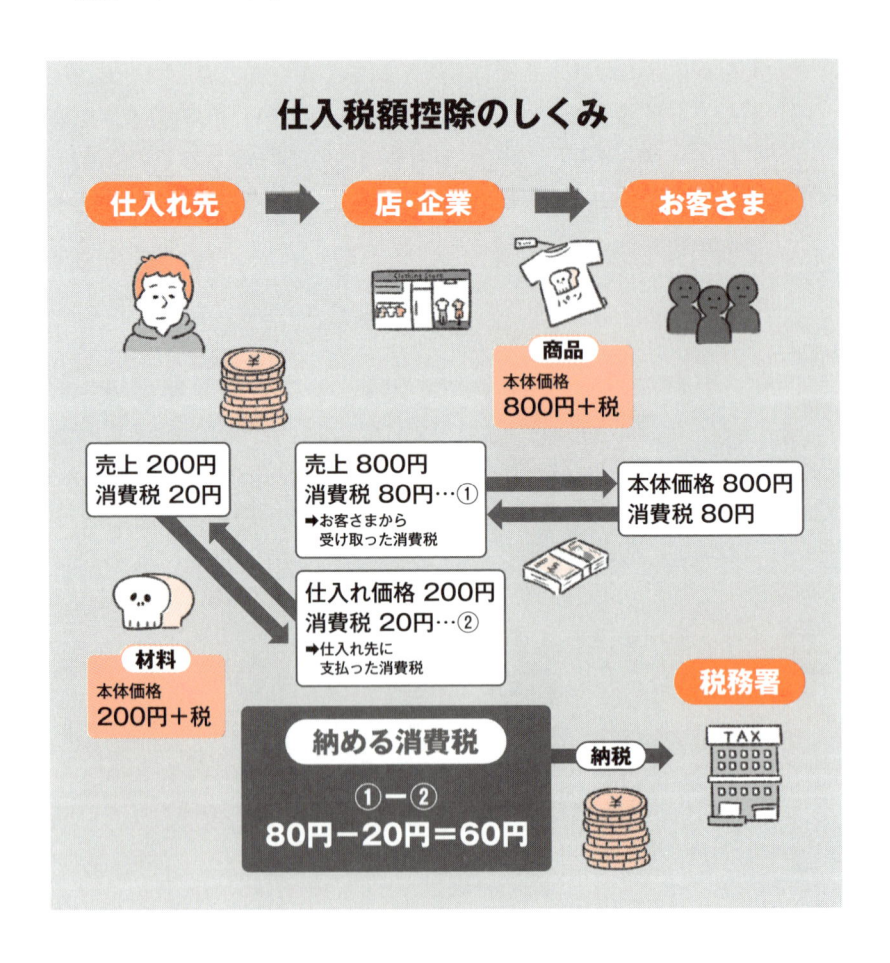

それって要は……仕入れのための買い物は「消費」とみなさない、ということですか？

そういうことです。請求書やレシートや領収書には「消費税」と書いてあっても、会計的に処理するときは「課税仕入れ」という特別な扱いになるんです。

で、インボイス制度がはじまる前は、郷さんが課税事業者か免税事業者かにかかわらず、出版社は私から預かった30円のうち郷さんに支払った10円を仕入税として控除できたんです。でも、インボイス制度が導入されたことで、**仕入れ先からの「適格請求書」がないと控除ができない**ルールに変わったんですね。

つまり？

郷さんが免税事業者のままだと、出版社は郷さんに10円を支払っているにもかかわらず、私から預かった30円をそのまま納税しないといけません。実際には、出版社は仕入れ先がほかにもいっぱいあるので、30円をまるまる納税することはありません。でも、少なくとも郷さんに支払う10円を控除に使うことができなくなる。これが「クライアントが損をする」の意味です。

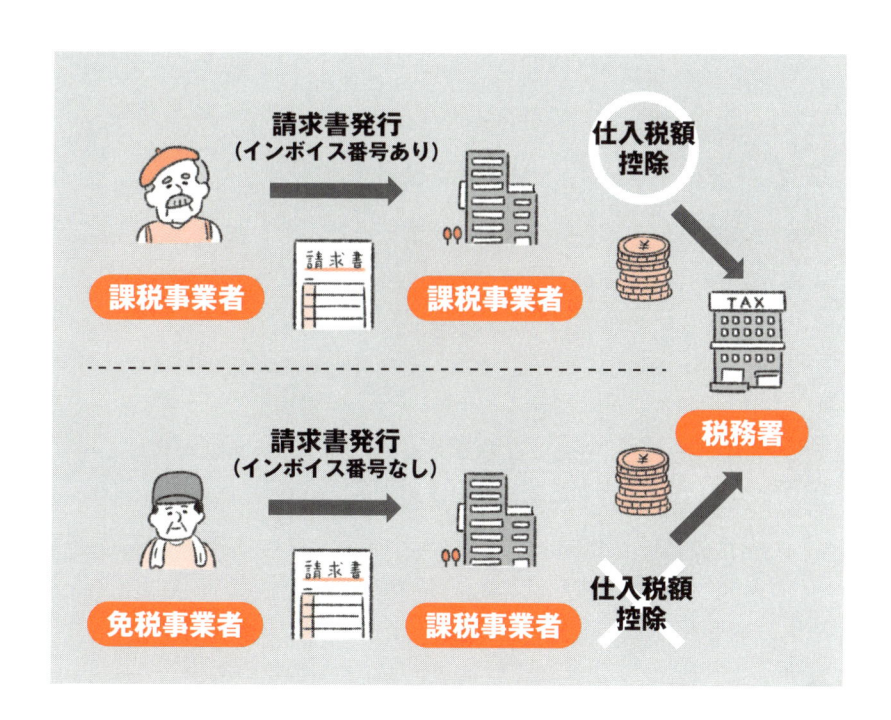

そういうことだったんですか。

軽減措置が終了したら……どうなるの？？

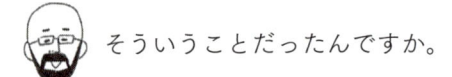
ただし、この話には裏があります。「免税事業者に支払う消費税は控除できません」といきなり言われても事業者が困るので、制度が導入された2023年10月から6年間、経過措置が取られています。

①免税事業者に支払った消費税の一部を控除できる
　2023年10月〜2026年9月まで：税額の80％
　2026年10月〜2029年9月まで：税額の50％
②1万円未満の少額取引の消費税は控除できる※
　2029年9月までの特例
※ 基準期間における課税売上高が1億円以下、または特定期間における課税売上高が5000万円以下の事業者のみ

少額取引はいいとして、ぜひ知っておきたいのは、いま現在（2024年）適用されている**80％控除**です。

80％？

いま現在、出版社は「適格請求書」がなくても郷さんに支払った消費税10円のうち、80％にあたる8円は控除できているんです。

控除しとるんかい！　じゃあ、出版社としてはあまり痛くないと。

そう。だから**「仕事を依頼するならインボイス事業者にしよう」**みたいな思惑なり圧力が本格的に働きだすとすれば、2026年10月か、2029年10月からなんです。免税事業者に戻るフリーランスが増えている理由が少しご理解いただけたかと思います。

「あ、やべ。フライングしちゃった」って気づいたんですね。

仕事がなくなるとか以前に、クソめんどくさい経理実務の「全体像」をつかもう

- ✓ 課税事業者になったほうがいい業種がある
- ✓ 結局、「クライアントがどうするのか」に尽きる
- ✓ 自分に合った消費税の計算方法を選ばなければ損することになる

まずコレ! 超重要

 ただ、インボイス事業者にならないとクライアントから敬遠されそうな業種もあるんですね。具体的には飲食店や個人タクシー、プログラマー、デザイナー、動画編集者などです。

 え？　接待や移動って仕入れじゃないですよね？

 経費にかかる消費税も仕入税額控除の対象なんです。

 そうなんですか！　でも、飲食店やタクシーが請求書なんていちいち出します？

 請求書だけではなく領収書やレシートなどでも十分なんです※。登録番号と税率・税額がちゃんと書かれていればインボイスとしてみなされます。

最近は「インボイス対応領収書」「軽減税率対応領収書」みたいなものが売られていて、登録番号と税率・税額が書かれた領収書をもらえることが増えました。

※ ほかに仕入明細書や納品書でもOK

 へぇ。

 で、いままでは経費とみなされる領収書であればどんなものでも消費税を控除できていたんです。

それができなくなると、経理担当者や会社の上層部から現場に圧力がかかるのはありうる話ですよね。「接待でこんな小さい店を使うな」とか、「免税事業者の可能性が高い個人タクシーはできるだけ使うな」とか。あるいは、積極的に経費を使って税金を抑えたいと思っている課税事業者のフリーランスも、**どうせ経費を使うならインボイス事業者のところで**と思うはずです。

 たしかに、年間で見るとけっこうな額になりそうですもんね。

 そうそう。経営の効率化を図るときは大きなところからメスを入れていくのが常套手段なので、直接的な仕入れにしろ、経費にしろ、影響が出はじめるなら額の大きいところから、と考えたほうがいいかもしれません。

インボイス事業者が選ぶ本則課税、簡易課税、2割特例

 私がすすんで課税事業者になることはないと思うんですけど、もし課税事業者になったら、どんな雑務が増えるんですか？

 免税事業者がインボイス事業者に登録する際、消費税の処理の仕方について次の3つから選べます。

① 本則課税（一般課税）
② 簡易課税
③ 2割特例

「本則課税」が経理事務的には圧倒的に大変で、売上と仕入れのあらゆる取引を詳細に記録し、「預かった消費税」と「仕入れや経費で払った消費税」を1円単位で計算して納付額を計算するものです。

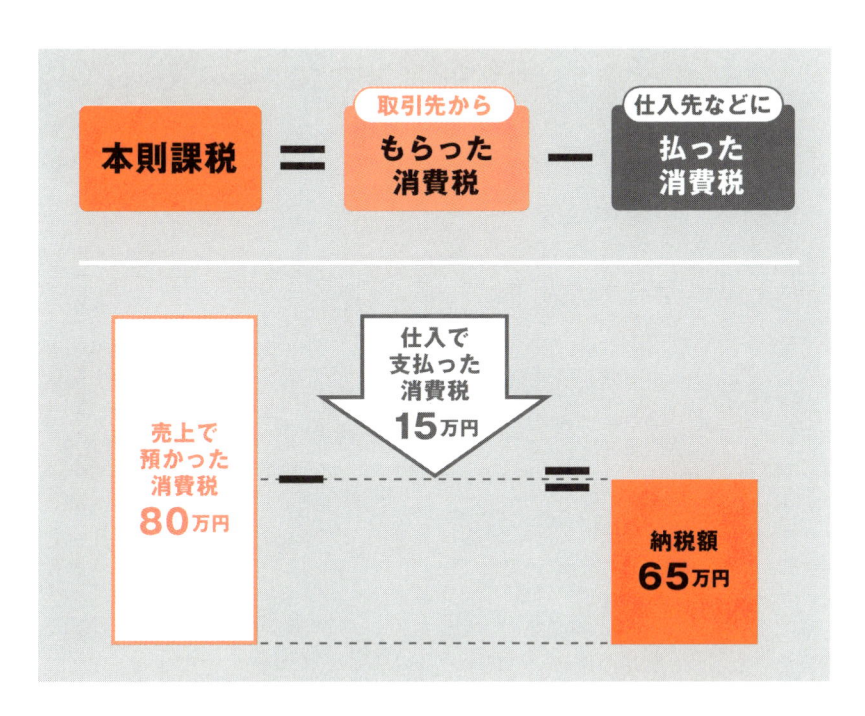

専属の経理担当がいるか、税理士事務所に外注しないとまず無理ですね。無理というか、一人でやるなら本業に差し支えが出るので時間の無駄です。

 そんなに大変なんですね。

 はい。とくにデジタル化されているわけではないので、登録番号がかすれで読めなかったりしたら、いちいち確認しないといけないんですよ。本当に制度として破綻しています。

現場の怒りが爆発してる（笑）。

 失礼（笑）。それで「簡易課税」と「2割特例」は、「預かった消費税」さえ把握できていれば、その数字に基づいて仕入税を一定税率で計算するので、作業的には大変ではありません。

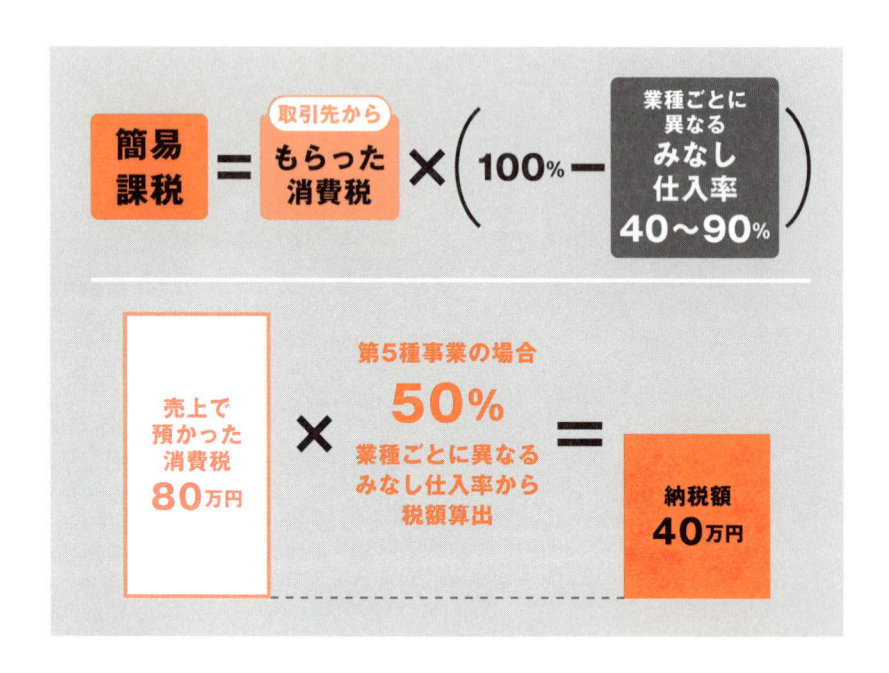

「簡易課税」は売上5000万円までの事業者が選択できるもので、業種によって「みなし仕入率」というものが決まっています。
たとえば小売業のみなし仕入率は80％。これはどういうことかというと、「あなたの商売では売上に対して80％が仕入れや経費とみなします。だから預かった消費税の20％だけ納付してください」という意味です。

 20％はどこからきたんですか？

 「100％－みなし仕入率80％」です。

みなし仕入率

第1種事業（卸売業者）	90%
第2種事業（小売業者）	80%
第3種事業（製造業者など）	70%
第4種事業（飲食店業など）	60%
第5種事業（サービス業など）	50%
第6種事業（不動産業）	40%

 ああ、なるほど。

 「2割特例」は先ほど説明したインボイス制度導入にともなう期間限定※の措置で、業種を問わず、「預かった消費税の20％」を一律で納付することになります。

※ 2026年9月30日まで

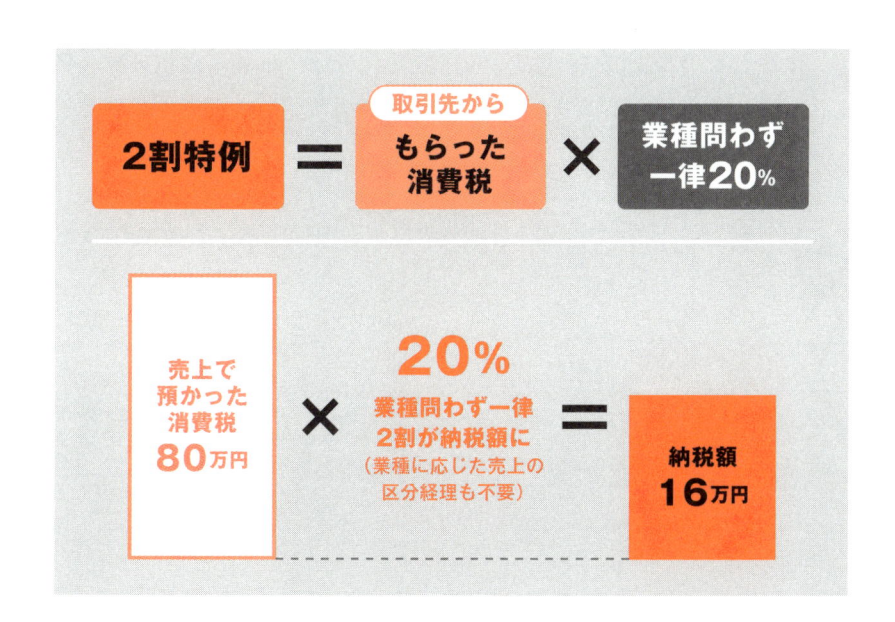

ということは……。

簡易課税か2割特例かで選ぶ場合、**卸売業なら簡易課税、それ以外の業種は2割特例**がおすすめです。

郷さんのブックライティング業はサービス業ですから、圧倒的に2割特例が有利ですよね。簡易課税だとみなし仕入率50％なので、預かった消費税の50％を納付しないといけませんが、2割特例なら20％でいいわけですから。

なるほど！ **ちなみに本則課税と簡易課税のどちらが得という計算はできるんですか？**

実際に計算してみないとわからないんです。ただ、一般論で言えるのは、**儲かっているなら簡易課税**で、設備投資などの大きな出費があったり、**儲けが少なかったりするときなどは本則課税**でしょうね。

あ、そうか。みなし仕入率よりも仕入れや経費でお金がかかっているなら、納付する消費税は減りますもんね。

そういうことです。ただ、先ほど言ったように本則課税を選ぶなら税理士が必要になりますから、そのための追加費用も考慮しないといけません。

了解しました。どう転んでも私が本則課税を選ぶことはないですけど（笑）。

所得が10%減ったら食っていけない。それってインボイスだけのせいじゃないよね

- ☑ 「免税事業者だから値引き」は法律違反
- ☑ 仕事を請け負う側は自分の損得だけを考えればいい
- ☑ 「あなただから発注する」と思われる人を目指す

クライアントが「あなたは免税事業者だから消費税は支払いません」みたいなことも起きうるんですか？

現実的にはそういうことも起きると思いますけど、基本的に法律違反です。下請けに対して交渉の余地を与えず一方的に単価を下げること自体、**下請法違反**なんです。
同様に、「あなたは免税事業者だから消費税分を減額します」とダイレクトに伝えることも法律違反。

あるいは、もともと免税事業者だから単価を下げていたところに、クライアントから「インボイス事業者になってください」と要請され、登録したとしましょう。当然、消費税分は上乗せしたいところですが、クライアントがかたくなに単価の据え置きを主張してきたら、下請法で禁じられている**「買いたたき」**に該当する恐れがあります。

要は、クライアントとしては「免税事業者だから値引きしろ」とは直接言えないということですね。

そういうこと。クライアント側もバカではないので、あれこれ難癖をつけたり、言い訳をしたりして、下請け側が自主的に単価を下げるように圧力をかけてくるでしょうね。そのときの対処方法に関してはPART6で説明しようと思います。

何も対策せずにいたら仕事を失うかもしれない

というのがインボイス制度の概要ですけど、少し考えは変わりました？

いや、1ミリも。

ですよね（笑）。

真っ先に思ったのが、「この仕事はあの人にお願いしたい！」みたいに指名を受けるようなフリーランスなら、「消費税がもったいない」なんて理由で仕事がなくなることはないですよね？　なんなら、ほかのフリーランスと比べてすでに単価が高いはずだし。

おっしゃる通りです。インボイス制度が完全実施されたときに受注量や単価に悪影響が出るとしたら、現時点で**「安さ」をウリに仕事を取っている人たち**だと思います。唯一無二の成果物を納められるフリーランスなら、ほぼ影響はないでしょうね。

あと、もうひとつ思ったのが、絶対に手放したくないクライアントから「免税事業者だと上司の承認が下りづらいんっすよ」とこっそり泣きつかれるケースがあったとしたら、そのときだけ自主的に消費税分をディスカウントすればよくないですか？

わざわざ課税事業者になって、国の思惑通りなんでもかんでも消費税を

払い、なおかつ税理士にもお金を払うって、**まったく合理的では
ない気がするんですけど、間違ってます？**

 零細事業者を守るために免税制度があるわけですから、まったく正論だと思います。

 ですよね。ちなみに小山先生って同業者と差別化するためになにかしました？

 めちゃくちゃしました。起業当時はまだ27歳で、しかも土地カンも人脈もない東京に出てきての起業だったので、ただ事務所を開業しただけでは絶対に勝てないとわかっていたんですね。
だからむしろ若さや成長意欲やチャレンジ精神みたいなことをセールストークに使いましたし、とにかく好印象を持ってもらうために外見にもかなり気を使いました。あと差別化で意識したのはやはり集客戦略。マーケティングですね。SNSも黎明期から活用していました。

 先生、トークお上手ですからね。

 いやいや。いまのトーク力も自分が話している姿を動画で撮って、何度もレビューして身につけたものなんですよ。

 そうなんですか！

 最初はグダグダでしたよ。それも結局、会計士や税理士って職人気質（かたぎ）な人が多いので、トーク力を磨けば差別化できると思ってやったことなんです。

 それでYouTube登録者数10万人ですもんね。すげ〜。

 ありがたいことです。

▼ 同業者との差別化のために私（小山）がやってきたこと

①とにかく実績づくり（まずは何者かになる）

②独立初期ほど使えるものは全部使う（前職［大手］の肩書き、資格の肩書き、年齢［若い or 経験豊富］、東京での開業、27歳での開業などを営業トークにした）

③業界の欠点をついて逆張り（業界平均年齢が60代。ITに疎い、横柄な態度で上から目線⇄27歳で起業、ITネイティブ、成長志向でお客様と一緒に成長したい）
 ※ 特定個人の批判はしないのがポイント

④「メラビアンの法則」を活用（人は見た目が9割。とにかく好印象を）

⑤話せる（パブリックスピーキング）、書ける（コピーライティング）が苦手な人ばかりなので、それを徹底的にできるようにした

⑥みんな、自分の技術ばかりにプライドを持っていて、「マーケティング＝集客と営業」ができない人ばかりなので、それが得意になるようにした。とくに最初は営業力を高めるために自分の話し方をカメラで撮影して徹底的にレビュー

⑦ネットができない人ばかりなので、YouTubeやSNSなども黎明期から積極的に活用。結果的に士業個人では異例の10万人以上のメディアを持っている（YouTube10万人。X1.8万人。インスタ約1万人。LINE公式5000人）

PART 3

知らないとガチで
失敗しますよ！

間違える人続出の
確定申告を
覚えよう

そもそも「確定申告」って よくわからん！ やり方を 最初から最後まで見てみよう

- ✅ 3月15日までにやるべきことは4つだけ
- ✅ 所得税の納税は年に1回、確定申告で一括払い
- ✅ 白色申告を選ぶメリットはなし！

次は確定申告の話をしましょうか。会社の経理業務や会計の知識がまったくない人にとって、確定申告って大変そうだし怖そうなイメージが強いと思うんですね。

> 確定申告とは「所得税を確定させて税務署に申告すること」
> 確定申告の対象は「所得税がまだ確定していない人」
> 確定申告をしないのは「所得税法違反」

それはそうですよ。私も最初はなにをしていいのかわかりませんでしたけど、会計ソフトを買って数字をポチポチ打っていったらそれっぽいものが出来上がったので、それ以来、一人でやってます。税理士と契約するなんて全員にできることじゃないですよ。

たしかにいまの会計ソフトは非常に優秀ですし、取引の少ないビジネスをしているなら記帳の手間もあまりかからないので、税理士を使わないフリーランスの方はたくさんいます。

いずれにせよ、確定申告の大まかな流れは次のような4ステップです。

手順①　1年間（1月1日〜12月31日）の収支を把握する
　　　↓
手順②　記帳する

↓

手順③　決算書をつくる（白色申告なら収支内訳書）

↓

手順④　確定申告書をつくって提出する

それぞれの手順はあとで解説しますけど、これらの作業を多くの人は年明けくらいからぼちぼちはじめて、確定申告の受付期間である**2月16日から3月15日までの間**に確定申告書を税務署に提出します。

郷さんはいつされています？

1月になると、前年に支払われた額やら源泉徴収された額やらが記載された**「支払調書」**が出版社からパラパラ届くので、だいたい2月の頭くらいに2日間予定を空けて、一気にやります。
最初のころは期日ギリギリに税務署まで提出に行っていましたけど、郵送できることを知ってからは送付しています。

そうそう。税務署に直接行かなくても**e-Tax**というオンラインで確定申告ができるサービスを使ってもいいし（65万円の控除を受けたければ電子申告をすべし）、必要書類を封筒に入れて郵送しても構いません。どのみち税務署で提出しても中身は精査せずに「受理」のハンコを押すだけなので。

本当にハンコを押すだけなんですよね。 それに気づいたのは3年目くらいでしたけど（笑）。

 いったん受理して、後日、税務署の人たちが一つひとつチェックしていき、計算を間違えているところは修正させられたり、「怪しい事業者」には税務調査※が入ったりする、と。

※ 税務調査官が事業所に来て、過去3年間の確定申告書や決算書、領収書などを細かくチェック。悪質そうだとみなされればさらに遡って調べられる

だから、**税務署に直接出向くメリットはあまりないです。**普段から税理士と契約しているフリーランスだと、領収書や請求書を毎月税理士に送って、あとはお任せ、というパターンが多いですね。

青色申告と白色申告では「青色一択！」

 この確定申告なんですけど、個人事業主の開業届を出すときに、確定申告を「青色申告」で行うか「白色申告」で行うか選択しないといけません。

 その意味がわからなかったので、税務署の人に聞いて青色申告にしました。

 結論からいうと、フリーランスを続けようと思っている人なら「青色申告」一択だと思います。

 そこまで言い切りますか。

 はい。「青色申告」と「白色申告」の違いはこんな感じです。

	青色申告	白色申告
帳簿の仕方	複雑（複式簿記）	簡単（単式簿記）
確定申告書以外の必要書類	貸借対照表、損益計算書	収支内訳書
税の特典	あり	なし
65万円特別控除	○（条件あり）	×
赤字の繰り越し	○（3年間）	×
固定資産の対象	30万円～	10万円～
家族への給与を経費にできるか	○	△
家賃の一部などを経費にできるか	○（事業割合は関係なし）	△（原則として事業割合が5割以上である必要がある）

「青色申告」は「白色申告」と比べて記帳の際に手間がかかりますけど、その分、税金面でいろいろ特典がつくんです。複式簿記と単式簿記の違いはこのあと説明します。

青色申告の一番大きな特典は、最大65万円の特別控除。所得税の計算をするときに、事業所得から最大65万円を自動的に差し引けるということ（電子申告をした場合）。

みんなが使える65万円分の領収書みたいなもの？

ちょっと違いますね。経費だとしたら最終的に算出される所得まで減ってしまいますけど、青色申告の特別控除は、<u>**「所得はそのまま。でもそのうち65万円は所得税の対象にしないよ」**</u>という性質のものなんですね。

あと**赤字が繰り越せる**ことも大きいです。

たとえば初年度は設備投資などで100万円の赤字が出て、2年目に300万円の黒字になったとしましょう。青色申告の人は2年目の所得として「300万円−100万円＝200万円」で処理できます。白色だと300万円そのままなんですね。

 **それは大きいかも。** でも会計の知識がないから白色申告を選ぶ人もいるんじゃないですか？

 いると思いますけど、実は青色申告でも「現金主義による所得計算の特例を受けることの届出書」という書類を出せば、白色申告と同等のシンプルな単式簿記が使えるんです。
その場合、**特別控除は最大10万円**になってしまいますが、赤字の繰り越しといったその他の特典は受けられます。

 へえ。

 あと「貸借対照表（B/S）や損益計算書（P/L）をつくる知識がないから青色申告なんて無理！」と思っている人もいるかもしれません。でも、**青色だろうが白色だろうが、所得税を計算するためには結局、お金の出入りをどこかに記帳しないといけないんです。**

だとすれば、年間1万〜2万円の費用で会計ソフトを導入して、そこに入力していけば、貸借対照表や損益計算書は会計ソフトが勝手につくってくれます。

 たしかにそうですね。私もはじめて確定申告するとき、会計ソフトが確定申告書も決算書も全部勝手につくってくれて、「超便利！」と思った記憶があります。

 そう。だから、今後もフリーランスを続けようと思っている人がわざわざ白色申告を選ぶメリットって思いつかないんですよね。

簿記のこと何もわからないまま 3月を迎えてしまった人は この2つだけ覚えよう

- ✓ 複式簿記は発生主義、単式簿記は現金主義
- ✓ 貸方は「右」、借方は「左」と覚える
- ✓ 複式簿記で仕分けするときは「貸方と借方は常に同額」

複式簿記（ふくしきぼき）と単式簿記（たんしき）の違いについて、ここで簡単に説明しておきます。単式簿記は**記帳する項目が少なくてシンプル**というのがメリット。一方の複式簿記は記帳する項目は増えますが、**お金の出入りをより正確に記録できる**という利点があります。

単式簿記は家計簿をイメージしてもらえばわかりやすいと思います。家計簿って基本的に現金の出入りだけをひたすら記録するもので、「いつ、どこからお金が入ってきたか」と「いつ、なにに、いくらお金を使ったか」を記録するものですね。現金が実際に動いたときだけ記録するので、こうした帳簿の付け方を「現金主義」ともいいます。

単式簿記 ➡ 1つの取引に対して、1つの科目のみ記入する方法

メリット	デメリット
・帳簿作成が簡単 ・はじめてでもやりやすい	・控除額が低い（節税効果が低い） ・経営状態を把握できない

複式簿記は「発生主義（はっせい）」といいます。現金の動きも当然記録するんですけど、売買のタイミングと入出金のタイミングがずれる、いわゆる**信用取引もすべて記録**として残します。たとえば郷さんが出版社に請求書を送った時点で、「売掛金（うりかけきん）がいくら発生した」という記録を残さない

といけませんし、逆に外注さんに1か月後に支払うことになったときも、支払いの事実が発生した段階で「買掛金（かいかけきん）がいくら発生した」と記録しないといけません。

複式簿記 ➡ 1つの取引に対して、2つ以上の科目で記入する方法

メリット	デメリット
・青色申告での控除が増える ・経営状況がきちんと把握できる	・簿記の知識が必要 ・複雑なため、会計ソフトが必要になることが多い（出費が増える）

それ以外にも、発生主義では固定資産を毎年少しずつ経費として処理していく「減価償却（げんかしょうきゃく）」であったり、仕入れたけれどもまだ在庫として抱えているものを「資産」としてみなすことができたり、より経営実態を把握しやすくなるんです。

そのときに借方（かりかた）と貸方（かしかた）という、ワケのわからないやつが出てくるんですよね。

そうですね（笑）。まあ、「借方」や「貸方」は複式簿記で記帳するときに必ず使う「左の欄」「右の欄」という意味にすぎなくて、しかもそれは、会計ソフトを使っていれば勝手に仕訳をしてくれるので、覚える必要はありません。

ここで覚えておきたいことは、**複式簿記においては、1つの取引が起きたときに必ず2つの側面から記録を残す**という基本の部分。

たとえば現金で20万円のパソコンを買ったら、借方と貸方にそれぞれ「資産が20万円分増えた」と「現金が20万円減った」と記録を残します。もし100万円の借金をしたら、「現金が100万円増えた」と「借入金が100万円増えた」と記録します。

こうした「2つの側面からの記録」を、借方と貸方のセットで記録して

いくから「複式」と呼ばれているんです。

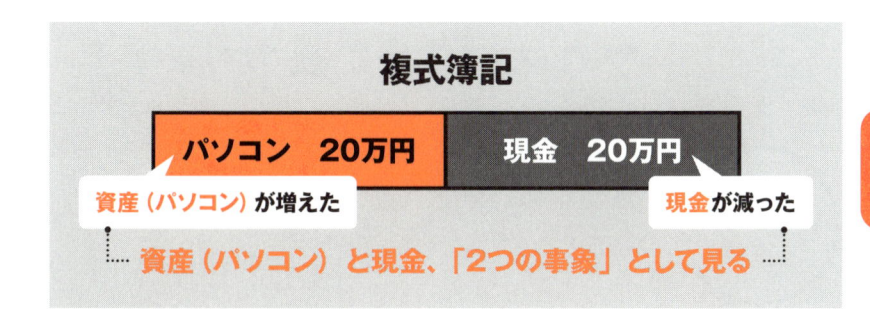

 で、これが単式簿記だと……。

 現金の出入りにしか注目しないので、「現金が20万円減った」と「現金が100万円増えた」だけしか記録できません。

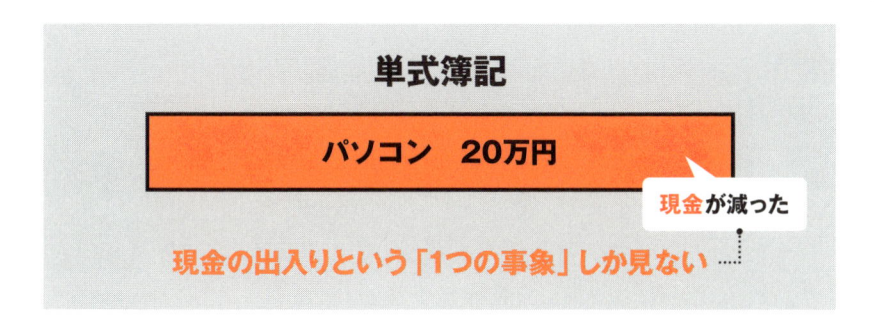

いま世界中の企業が採用している会計方法は、ほとんどが複式簿記です。なぜなら、単式簿記では情報がボヤッとしすぎていて会社の状態を株主に説明できないし、経営者本人としても適切な経営判断ができないからです。

 じゃあ、健全な経営をするためにも複式簿記が必要ということですか？

 はい。解像度が全然違いますからね。だからフリーランスでも**「複式簿記で記帳してくれるなら税制面で特典をつけますよ」**と国が奨励しているわけです。

**まず
コレ！
超重要**

- ✓ 「記帳をつけて決算書をつくる」が作業の8割を占める
- ✓ 会計ソフトを使うのが圧倒的にラクで時短
- ✓ 決算書と確定申告書を提出。領収書は各自で保管

確定申告に向けて最初にやることは、**前年の1月1日から12月31日までの間のお金の出入りをとりまとめる**ことです。

いわゆる「領収書をかき集める」ですね。

それも大事な仕事のひとつです。

紙のレシートは普段から机の上に置いた専用のカゴに突っ込んでいるのでいいんですけど、最近はカード払いや銀行口座引き落としの経費がほとんどなので、pdfの領収書を集めるのが面倒なんですよね。
とくにサブスク系の経費が多すぎて、たまに「どうでもいいや」となって経費に計上しないこともあります（笑）。

もったいない。もしかして事業用口座とプライベート用口座が一緒ですか？

一緒です。

事業用口座で分けていれば収支のとりまとめはだいぶラクになりますよ。
それこそ会計ソフトを導入しているなら、事業用の口座やカードを会計ソフトに紐づけることで、自動的に帳簿につけてくれます。

そのほうがいいとあとで気づいたんですけど、いまさら口座をつくって変えるのも面倒くさくて（笑）。

 まあ、郷さんのお仕事のように取引数の少ない事業ならなんとかなりますけど、毎日お金が出入りするような事業は最初から事業用口座をつくって分けておかないと、管理が大変です。

で、いまのはお金の「出」の話ですけど、「入」を把握するためには入金の履歴であったり、ご自身が発行した**請求書（売掛金が発生した記録）** などもかき集めないといけません。

売上＝発行した請求書
経費＝もらった請求書、領収書、レシート、
**　　　クレジットカード明細、振込履歴**

 ああ、そのとき出版社から送ってもらう支払調書が大活躍するんですよ。たとえば、印税収入っていつ入るかわからないので請求書は立てていないんです。でもそうすると、銀行口座の入金金額しか把握できなくて、いくら源泉徴収されたのかよくわからないときがあるんですね。

それで一度、ある出版社が支払調書を送ってくれなかったので強めにお願いをしたら、経理の方がすぐに送ってくれたんですけど、そのメールに「支払調書の発送は義務ではなくサービスです」と書かれていて恥ずかしい思いをしたことがあります（笑）。

 そう。実はあれって義務じゃないんです。

 あと、会社によって源泉徴収の対象が消費税込みの金額だったり、消費税抜きの金額だったり、マチマチじゃないですか。ここでけっこう迷うこともあるんです。

 基本的に、内税だったら税込み金額に対して源泉徴収がかかりますし、外税だったら本体価格に対してのみ源泉徴収がかかります。でも、**不明**

だったらすぐに取引先の経理に確認すればいいですよ。

帳簿をつける（売上と経費を集計する）

材料がすべて揃ったらそれらを帳簿に記帳します。普通の会社なら経理の人が毎日やっているわけですが、フリーランスでも月に1回記帳する習慣をつけておけば、確定申告で焦ることはありません。

夏休みの宿題は最終日にやるタイプです。

だと思いました（笑）。で、ひとくちに「帳簿」といってもいろんな種類があります。一覧を載せておきますね。

資産	主要簿	総勘定元帳（そうかんじょうもとちょう）	
		仕訳帳	
	補助簿	補助記入帳	現金出納帳（すいとう）
			預金出納帳
			売掛帳
			買掛帳
		補助元帳	商品有高帳（ありだか）
			仕入先元帳
			得意先元帳
			固定資産台帳

白色申告（単式簿記）の人は補助簿だけでいいんですけど、青色申告（複式簿記）の人は主要簿もつくらないといけません。ただし、会計ソフトを使えばこのあたりの知識がなくても自動的につくってくれるので、心配はいりません。

そうなんですよね。

 ただし、注意してほしいのが、一人で記帳している場合、**数字の入力ミスがあっても誰も気づいてくれない**ことです。
会社の経理部では絶対に間違いが起きない体制が組まれていることが多いですが、会計ソフトは入力された数字をそのまま仕訳するだけでチェックまではしてくれません。なので、記帳自体は別に難しくはありませんが、ある程度集中できる環境で作業したほうがいいかもしれません。

 すみません。酒飲みながらやってました（笑）。間違えていたら？

 税務調査があったときに突っ込まれます。もし入力ミスで所得が過少に報告されていたら追徴課税です。
当たり前ですけど、**「お酒飲みながら記帳していたんで」という言い訳は通用しません。**

 ひたすら謝ります（笑）。

▼ おすすめの会計ソフト

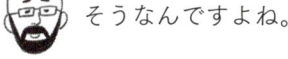 freee 会計	弥生会計 オンライン	N Money Forward クラウド会計
簿記をまったく知らない超初心者向け	簿記を少し知っている初心者向け	簿記の知識がある中級者向け

決算書を作成する

 帳簿は自分用の記録なので、保存義務はありますが毎年税務署に提出するものではありません。確定申告のときに提出するのは、帳簿をもとにつくられた決算書。青色申告の場合は「貸借対照表（B/S）」と「損益計算書（P/L）」の2つ（青色申告決算書）。白色申告の場合は

「収支内訳書」 です。

いずれも会計ソフトが帳簿の数字に基づいてつくってくれます。

 よくわからない言葉が盛りだくさんなのになぜか数字が記載されているという、会計ソフトマジックが発揮される瞬間ですね。

 でもそこまで難しいことは書いていないですよ。青色申告決算書はP/Lが3枚、B/Sが1枚の計4枚と決まっていて、それぞれこんな感じのことが書かれています。

> 1枚目（P/L）：1年間の儲け（売上と経費）
> 2枚目（P/L）：1枚目の詳細（月ごとの内訳、給与の内訳など）
> 3枚目（P/L）：1枚目の詳細（減価償却費の計算など）
> 4枚目（B/S）：資産と負債・資本の状況

 そうだったんですね（笑）。ちなみに帳簿がなくて決算書だけあったらどうなるんですか？　帳簿はクラウドで保存していますけど、万が一、データが飛んだら怖いなと。

 決算書に書かれている数字の根拠がわからないので**めちゃくちゃ怪しまれて追徴課税を食らう**可能性がありますね。なので、電子データでも印刷して大切に保管することをおすすめします。

確定申告書をつくる

 確定申告では先ほどの決算書（白色なら収支内訳書）以外に、確定申告書という2枚の書類も提出しないといけません。

 毎年、税務署から分厚い封筒で届くカラフルなやつですね。

 はい。国税庁のサイトからもダウンロードできます。税務署から送って

きた申告書は手書き用なので使う必要はなく、確定申告に対応した会計ソフトなら、ソフト上で申告書を作成して家のプリンターで印刷すれば、そのまま提出することができます。

確定申告書の目的は、文字通り、所得税（納める税金）を確定させること。もし所得税よりも源泉徴収と予定納税[※1]で先に納めた税金のほうが多ければ逆に税金が返ってくるので、その還付額[※2]が確定します。

PART

3

間違える人続出の確定申告を覚えよう

[※1] その年の5月15日現在において確定している前年分の所得金額や税額などを基に計算した金額（予定納税基準額）が15万円以上となる場合、予定納税基準額の3分の1の金額を、第1期分および第2期分として2回納付する

[※2] 申告から1か月〜1か月半後に指定した口座に振り込まれる。e-Taxだと3週間ほど

 基本的に毎年還付されるので、会計ソフトで「確定申告書をつくる」というボタンを押すときが楽しみで。

 **フリーランスあるあるですね（笑）。**

 確定申告書をつくるときに会計ソフトがいくつか質問をしてくるんですけど、どんな質問でしたっけ？

 決算書で本業の所得は計算できたわけですけど、その所得にさらにプラスすべき内容と、所得から控除できる内容を両方聞いてきます。

> **所得が増える要素**
> 　　　　株の譲渡益、配当益、先物取引の利益など
> **控除できる要素**
> 　　　　社会保険料、生命保険料、地震保険料、住宅ローンなど

これらの数字をすべてがっちゃんこしたものが確定申告書になります。

3月15日の期限に遅れた場合ですが、納付する税金があるなら**無申告加算税や延滞税などのペナルティがあります**。また、青色申告特別控除の65万円（電子申告等の要件を満たさない場合は55万円控除）が受けら

れなくなります（10万円控除は受けることができる）。還付を受ける場合には加算税や延滞税はかかりませんが、65万円の青色申告特別控除不適用により還付額が減る可能性があるので注意しましょう。

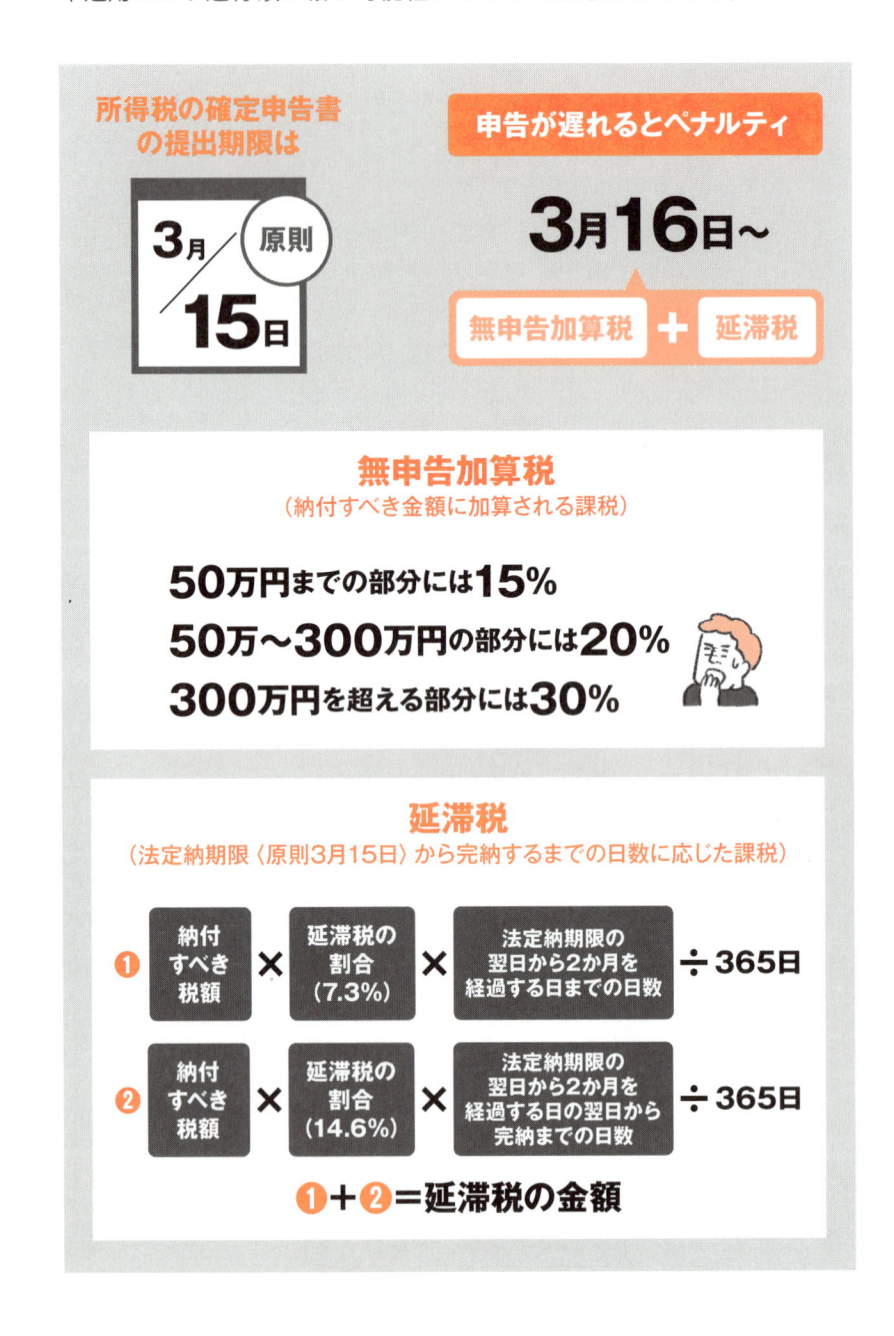

稼げば稼ぐほど高額になる！ 容赦なくのしかかる税…… 備えは大丈夫？

- 前払いした源泉徴収税額を確定申告で精算する
- 前年度所得税が15万円を超えると予定納税の対象になる
- 各種税金の支払いタイミングを把握しておく

 ちなみに、源泉徴収ってなんのためにやっているんですか？

 簡単にいえば「所得税の取りっぱくれを防ぐ制度」です。
「源泉」という言葉から想像できるように、給与や業務委託の支払いが発生する「蛇口」の部分で一定の割合を所得税として天引きし、年に1回まとめて精算する仕組み。

源泉徴収は会社員でもされていて、納めすぎた税金は年末調整という形で返ってきます。たとえば、郷さんのようなライターさんの原稿料にかかる源泉徴収の税率は**100万円までは一律10.21％。100万円以上の場合、100万を超えた部分は20.42％**です。

 駆け出しのころはこの10.21％が痛かったなぁ。

 1割は大きいですよね。

 あれ？　じゃあ100万円を境に税率が変わるということは、たとえば150万円の請求を立てるときに、これが75万円2回分に分かれていれば10.21％に抑えられるわけですか？

 たとえば、着手金75万円、成功報酬75万円といった契約でしたらそうなりますね。取引先としても一括で支払うより、一部支払いを遅らせる

ことができたほうがいいですし、郷さんとしても手元のキャッシュが増えるわけですから、ある意味ウィンウィンですよね。

ただ、1つの請求書を無理やり2つに分けるのはもちろんダメです。**実態に即していることが大切です。**

いいこと知ったかも。で、その年の収入が多かったら源泉徴収では所得税をカバーしきれなくなるから、確定申告後に所得税を納税するわけですよね？

そうです。**原則、確定申告の提出期限である3月15日までに納税も済ませないといけません。**振替納税なら申告期限の約1か月後に引き落とされ、クレジットカード払いなら次のカードの引き落とし日に納税されます。

じゃあ、億単位の年俸をもらっているプロ野球選手とかは毎年すごい額の所得税を払っているわけかぁ。私もミリオンセラーに恵まれれば、そういうことになるのかなぁ。

そのときにぜひ気をつけてほしいのが「予定納税」という、源泉徴収よりもはるかに恐ろしい制度です。前年に納めた所得税が15万円以上の人が対象です。

たとえばこの本がめちゃくちゃ売れて、所得税として300万円納税したとします。すると国から「あなたは来年もそれくらい納税するだろうから、その3分の2を前払いしろ」と言われるんです。

3分の2!?　3分の1じゃなくて？

2です（笑）。300万円なら100万円の予定納税を2回、7月中と11月中に納めないといけません。

毎年安定して儲けているならいいですけど、たまたま大金が入ってきた人とか、プロ野球選手のように年俸の上げ下げが激しい人にとって、こ

の制度は理不尽極まりないんです。

だって3月に300万円の所得税を支払いますよね。そのあと6月くらいになると住民税や自動車税、国民年金や健康保険の一括払いなど税金の出費が重なる時期があります。その翌月に100万、そして11月に100万ですからね。

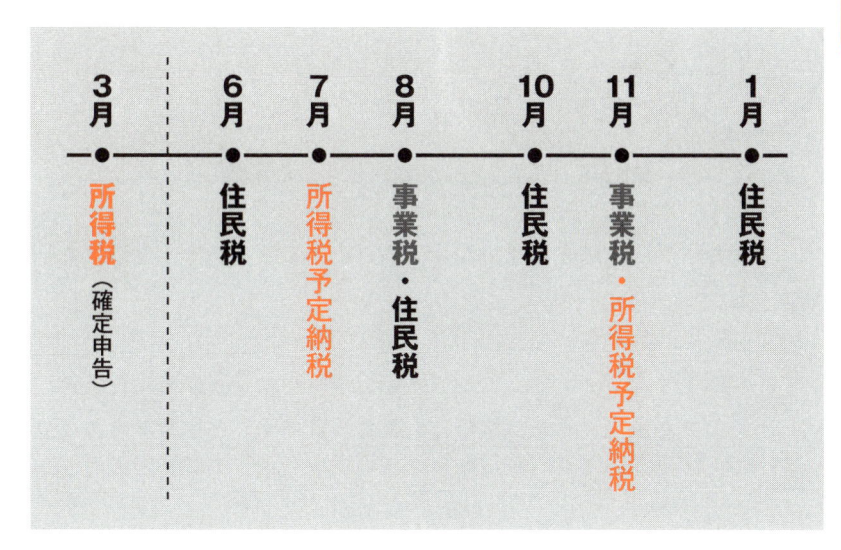

3月	6月	7月	8月	10月	11月	1月
所得税（確定申告）	住民税	所得税予定納税	事業税・住民税	住民税	事業税・所得税予定納税	住民税

 これも所得税の取りっぱくれを防ぐため？

 そうです。もちろん取りすぎた分は翌年の確定申告で還付されますけど、納税のための現金が足りなくなる人が出てきやすい。

どうしても予定納税が払えない人は①**金額を減らしてもらう**、②**支払いを待ってもらう**、③**分割払いにしてもらう**、という申請書を出すこともできますけどね。

 つまり……まとまったお金が入ってきても、調子に乗って使い切るなと。

 そういうことです（笑）。派手に散財して予定納税で苦労した人を何人も知っています。知識として覚えておくといいですよ。

 肝に銘じておきます！

まず コレ！ 超重要

- ✓「売上に貢献しているか」をもとにジャッジ
- ✓ 経費と仕事の関係を説明できるようにしておく
- ✓ 経費が増えると利益が減る。利益が減ると税金が減る

 経費についてはどこまでが認められるのかって、よく話題になりますよね。

 なりますね。でも答えはシンプルです。税務調査が入ったときに自分が自信をもって「これは業務に必要な経費です」と言えるものは全部経費。逆に「これ経費にしていいのかなぁ。怪しいよなぁ」というものはそもそも経費にしない。

 ### 世界一わかりやすい判断基準（笑）。

 もちろん、最終判断するのは調査官なので却下される可能性はゼロではないですけど、それが基本です。会社員を長く経験してから独立すると、会社員時代の「経費のルール」に引っ張られやすいんです。
たとえば仕事ですごく疲れていてタクシーを使っても、「こんなの経費として認められません」と言われるのが会社員ですよね。でもそれって税制上の話ではなく、社内独自ルールの話なんです。フリーランスになったら、そのルールを決めるのは自分。

 じゃあ、スーツも？

 もちろん。たとえば私は経営者向けのセミナーで話をしたりする機会もありますけど、会計士や税理士は信用第一の商売なので、ちゃんとした

ブランドのスーツをビシッと着こなすことで新たな仕事につながるから、業務上必要です。

でも、そのスーツをプライベートで着ることもできますよね？

仕事終わりに着ているのはどうしようもなくないですか。あるいは、わざわざスーツに着替えて交流会に参加することはありますけど、私にとっては情報交換や人脈の構築という大事な仕事です。

私が調査官なら「わかりました」としか言えない（笑）。じゃあ、カフェ代はどうですか？　一人で原稿を書いたり、企画を考えるためにたまに使うんですけど。

間違いなく経費です。だって、業務上の必要を感じたからカフェを使ったんですよね。私も集中して考えたいときに遠出をして環境を変えるときがありますけど、その場合の旅費もすべて経費です。

実は最近、原稿を集中して書くためにどこかのホテルに泊まって書くことも考えているんですけど、それも経費になるわけですよね。

もちろんです。出版社がホテルを手配して漫画家や小説家を缶詰にするみたいなこともあるじゃないですか。なぜホテルかというと「集中させるため」ですよね。それを自分でやるということですから、経費にならない理由がわかりません。

調査官はきっと、「それって事務所でできますよね」とか「それって業務に必要なんですか」と言うでしょうけど、「できないから環境を変えているんです」と言い返せばいいんです。**大事なことはロジックがあるかどうか。**

逆に「これは絶対に経費にならない」というものは？　プライベートで使うものは当然経費にならないとして。

勘違いしやすいのは健康診断の費用ですね。フリーランスって福利厚生

の概念がないので、人間ドックや健康診断は公的なものを除いて自腹です。あとは住民税や所得税※も経費ではありません。

※ 住民税や所得税は「個人」に課せられる税金のため

勘定科目は自分で設定してOK

 経費を記帳するときに勘定科目を選ぶじゃないですか。あれでたまに迷うんですけど。

 勘定科目って自分で新たにつくってもよかったりするくらいなので、自分のなかである程度のルールを決めていればそこまで厳密に考えなくても大丈夫ですよ。たとえばタブレットペンを前年は雑費として、今年は消耗品費に入れたとしても、なにもおとがめはありません。最終的に知りたいことは**経費として総額いくら使ったのか**なので。

 あぁ、なるほど。

 ただし、前年度と比べてある勘定科目が突出して増えたりしていると税務署の目につきやすく、税務調査につながりやすい点には注意しましょう。
もちろん正当な理由があればいいんですけど、いきなり交際費が200万円くらい増えたら、さすがに怪しまれますよね。**「こいつプライベートの飲み代を経費にしてない？」**って。

 接待交際費と会議費も迷いやすいです。会社員のとき、「一人あたり5000円以下なら会議費にして」って経理に言われていた記憶が。

 あ、会議費の上限は1万円に引き上げられました。ただそれは、法人には接待交際費に上限があるからできるだけ会議費で計上してという話で、個人事業主は交際費に上限はないので気にする必要はありません。

▼ よくある勘定科目

地代家賃	家賃、レンタルオフィスの利用料金、月極駐車場の賃料など
水道光熱費	水道代、電気代、ガス代など
旅費交通費	電車・バス・タクシー代、出張時のホテル代など
車両関連費	ガソリン代、車検費用、コインパーキング・ETC代など
通信費	電話料金、インターネット料金、郵送料など
広告宣伝費	広告掲載料、HPの制作費用など
交際費	営業目的での接待の飲食代（法人の場合は1人あたり税抜き1万円超）、お中元・お歳暮など
会議費	取引先との会議にかかる飲食代（法人の場合は1人あたり税抜き1万円以下）など
消耗品費	事務用品、パソコン・ソフトウェア・パソコン周辺機器（10万円未満）
外注工賃	外部へのデザイン発注・業務委託費用など
研修費	セミナー参加費などスキル習得にかかる費用
新聞図書費	新聞代・書籍代・雑誌の定期購読料など
支払手数料	銀行の振込手数料、証明書発行手数料など
租税公課	一部の税金（個人事業税・固定資産税）や収入印紙代など
雑費	どの勘定科目にも当てはまらない少額の費用

そうなんですね。わかりました！

「節税できたから成功！！！」というわけではない

さて、この経費ですけど、「できるだけ経費を増やして利益を圧縮して節税しよう！」みたいな話は、SNSをはじめ、いろんな経営者や会計士、税理士がしていますよね。でも、必ずしもそれが最善の策とはいえない点に注意が必要です。

え？　節税できたら最高じゃないですか。

 短期的には。でも、たとえば郷さんが事業を拡大しようとしてどこかから融資を受けるとか、家がほしくなって住宅ローンを組むとなったら、なにを審査されると思います？

 誠実さ？

 決算書です（笑）。過去2、3年分は見られます。

 あ……。

 気づきました？　経費をバンバン積み上げるほど、「この人は儲けの少ない商売をしているな」と判断されるんです。**お金を貸す側は借りる側の「返済能力」しか見ていません**からね。このあたりはローンの章でも説明しますけど。

社会的信用が著しく低いフリーランスにとって、**「毎年安定して利益を出し続けていること」こそが信用の証**なんです。目先の利益につられて自分の信用を自ら傷つけるのはけっこう危ない行為だと思うんです。めちゃくちゃ儲けているなら話は別ですけど。

 そこまで考えていなかった……。

 このワナにハマる人ってけっこういるんです。本人はイケイケで事業を拡大している感覚があるし、これからも拡大できる自信はあるのに、決算書だけを見るとそうは見えない、みたいな。ぜひ気をつけてください。

PART 4

極限までシンプルにしました！

とっつきにくい 会計の知識を 使えるようになろう

なんのために会計を学ぶの？
わかる or わからないで
将来が大きく変わります

 お金の出入りを常に「見える化」した状態にする
 P/Lは会社の経営成績がわかる書類
 B/Sは会社の財務状態がわかる書類

前章で「損益計算書（P/L）」や「貸借対照表（B/S）」、あるいはそれらの総称である「決算書」というものに軽く触れましたけど、このあたりの基礎知識も「一人経営者」としては必要だと思うんです。いわゆる「会計」の基礎知識ですね。

会計ソフト任せなのでまったくわかってないです（笑）。

企業の社長さんでも「税理士任せ」「経理任せ」っていう方がけっこういますよ。ただ、自分の事業の実態、とくに「お金の流れ」を把握するためにも、会社の数字を読むスキルは持っていたほうがいいと思うんです。

そうなんでしょうけど、素人が判断するより専門家に任せたほうがよくないですか？

超優秀な経理や財務担当を雇っているならいいですよ。でも外注の税理士って、「顧客の財務状況の相談にのること」は基本的にオプションなんです。だからクライアントの会社の数字がヤバくても、「こっちは数字を出しているんだから、分析は自分たちでやってください」みたいな感じで、**なにも言ってくれないことが多いんです。**

誰かに助言を仰ぐにしても、課題に気づくためには会計の基礎知識が必要だと。

 はい。それに第三者が助言をしても、用語を知らないとか基礎知識がないと話が進まないですからね。

 そうですよね。じゃあ、絶対に知っておきたいことをサクッと教えてください！

お金の流れを可視化するために生まれた会計

 そもそも会計とはなにかというと、お金の流れや財務状況、経営状態などを可視化したもの、あるいは可視化する行為のことです。だから実は家計簿も会計の一種なんですが、一般的に会計というと、会社のお金の流れを可視化したものを指します。

会計の概念が生まれたのは**大航海時代**。ヨーロッパの国々がインドと貿易する船を準備するには莫大なお金がかかったので、みんなでお金を出し合い、貿易での儲けを山分けする仕組みが生まれました。

 東インド会社だ。

 そう。株式会社の走りですね。それまでビジネスは個人や一族のお金で

行うのが基本だったので、事業資金をどう使ったのかなんて他人に説明する必要はありませんでした。でも、赤の他人からお金を集めているのに、「情報は開示できません」では誰も納得しませんね。そこで会社のお金の流れを説明するために、「会計」というものが本格的に用いられるようになったんです。

 外部と共有することが目的だったんですね。

 はい。そしてお金の流れを説明した資料のことを「決算書」、あるいは「財務諸表(ざいむしょひょう)」といいます。**いろんな帳簿にいろんな数字を日々書き込んで、外部報告用に決算書としてまとめる。**これが会計の本来の目的です。フリーランスの場合、株主は存在しませんが、「税務署に見せるための決算書※」をつくっているわけです。

※「税務署に提出する決算書」と「株主に向けて公表する決算書」はほぼ同じだが、少しだけフォーマットが違う。「株主向け」のほうが経営状態をより正確に表している

決算書で大事なのは「P/L」と「B/S」

 現在、会計の世界で「決算書」といえば、次の3つの書類のことをいいます。

> 損益計算書（P/L、Profit and Loss Statement）
> 貸借対照表（B/S、Balance Sheet）
> キャッシュフロー計算書（C/S、Cash Flow Statement）

このうち、フリーランスにとって重要なのがP/LとB/S。企業の会計の世界でも、C/Sが決算書（財務諸表）に加わったのはわずか二十数年前で、P/LとB/Sが会計の基本なんです。

 青色申告で提出するやつ。

 はい。では、P/LとB/Sはいったいなにを「可視化」したものかというと、P/Lは「1年間のお金のフロー（流れ）」を可視化したものです。お金がどれだけ入ってきて、どんな名目でどれだけ出たかが一目でわかる。すなわち、その1年間でどれくらいの利益あるいは損失を出したのかがわかるんです。

もっとわかりやすくいえば、1年間の成績表みたいなものですね。

損益計算書（P/L）

フロー情報

1年間の会社や個人の成績表

 そうだったんだ（笑）。

 一方でB/Sとは、お金のフローではなく会社の「ストック（資産）」を可視化したもの。決算をする最終日（フリーランスなら12月31日）時点の会社の資産や借金などが書かれています。過去の成績表を積み重ねた結果がここに示されているということです。

貸借対照表（B/S）

ストック情報

ある時点※で会社や個人が持っている資産のリスト
※通常、会社は期末。個人なら年末

体でたとえるなら、P/Lは1年間どんな栄養を摂ってきたかの記録で、B/Sは健康診断の結果みたいなもの。

 フローとストックって、どっちが大事とかあるんですか？

 両方大事です。ただし、どの視点から見るかによって「重み」が変わるんです。現場目線からいえば、「この1年でどれだけ利益を出したか」を示すP/Lのほうが大事ですよね。

 いかに仕事を取るか、コストを削るか、みたいな話。

 そうそう。一方で経営者目線からいえば、「この1年間でどれだけ筋肉質な体質になれたか」を示すB/Sのほうが大事だったりするんです。

ビジネスって基本的に永続させる前提ですから、ときに大胆な借入や設備投資が必要かもしれませんが、P/Lだけ見ていたらその発想にならない。その点、**フリーランスは現場目線と経営者目線の両方を持つ必要がある**ので、いずれもしっかり目を通して、数字を把握しておくことが大事だと思います。

「どれだけ儲けが出たか」
「どれだけ損をしたか」
を見てみよう

まず
コレ!
超重要

- ✓ P/Lとは会社の1年間の成績表
- ✓ P/Lを理解するうえで大事なのは「5つの利益」
- ✓ 「本業で儲かっているか」は営業利益でわかる

 P/Lでは1年間の損益（＝所得）がわかり、それがB/Sに反映される形をとるので、先にP/Lの説明をしましょう。

 お願いします！

 前章で青色申告決算書の最初の3枚はP/Lだと言いました。このうち、とくに1枚目にP/Lの大事な情報が凝縮されています。**この1枚目がまさに成績表なんです。**

では、フリーランスにとって成績とはなにかというと「儲け」です。「今年は動画編集のスキルが上がりました」とか、「ヒットメーカーとコネができたので来年に期待です」みたいな数字で表せないことは、決算書には一切反映されません※。

※ 株主に向けたレポートである有価証券報告書などでは、数字で表せないことも発表できる

「儲け」とは具体的になにかというと、**会計の世界では「5つの利益」があるんです。** これはぜひ覚えましょう。

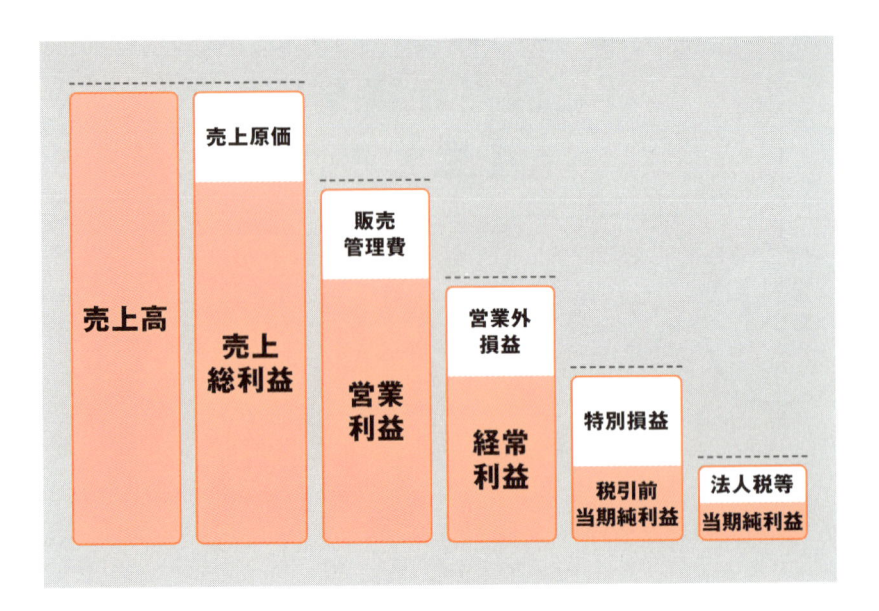

 何度見ても覚えられないヤツ（笑）。

 使わないと忘れますよね。一番左は1年間に入ってきたお金の合計です。会計の世界では「売上高」や「収入」といいます。「年商」と呼ぶこともありますね。

この売上高から「売上原価」を引いたものを「売上総利益」といいます。一般的には「粗利」と呼ぶこともあります。

> 売上総利益 ＝ 売上高 － 売上原価

 売上原価ってなんですか？

 ひとつの売上に対して1対1で必ずかかってくる費用のことです。たとえばラーメンが1杯売れたとしたら、そのラーメンをつくるために必要な原材料のコストのこと。たぶん郷さんのビジネスなら売上原価はゼロだと思います。

 ゼロですね。「粗利率」とか「原価率」とかよく言いますよね。

そうそう。以下の式で計算できます。

> 粗利率＝（売上高 − 売上原価）÷ 売上高 × 100
> 原価率＝売上原価 ÷ 売上高 × 100

業界によって粗利率は違い、サービス業は粗利率が高く、製造業や飲食業は粗利率が下がって、卸売業は粗利率が一番低い傾向にあります。

人件費や家賃、光熱費などは？

それが次の**販売管理費**、通称「販管費※」に乗っかってくるんです。

※「販売費及び一般管理費」のこと。SGAなどとも呼ぶ

▼「販売費及び一般管理費」に含まれる主な費用

費用	販売費及び一般管理費	給料手当、役員報酬、賞与、退職金、法定福利費、福利厚生費、通信費、荷造運賃、水道光熱費、旅費交通費、広告宣伝費、交際費、会議費、消耗品費、事務用品費、備品消耗品費、新聞図書費、修繕費、地代家賃、車両費、保険料、租税公課、議会費、支払手数料、減価償却費、寄付金、雑費

一人親方のフリーランスなら事業の利益が自分の報酬なので人件費は販管費に含みませんけど、家賃やネット代などは売上を立てるために必要な経費ですよね。あるいは広告を打ったり、パソコンを新調したりすることも。そういうものを販管費といって、「売上総利益」から「販管費」を引いたものを「**営業利益**」といいます。

> 営業利益 = 売上総利益 − 販売費及び一般管理費

で、この営業利益は一般的に「**本業の儲け**」と呼ばれていて、その事業の収益性がはっきりとわかります。それが青色申告決算書の1枚目に書いてあるんです。

とっつきにくい会計の知識を使えるようになろう

なるほど。これは大事そうだ。

次が**経常利益**（けいじょう）。通称「ケイツネ」。
こちらは「営業利益」に、本業以外の損益を加味した利益のこと。たとえば払った利子であるとか、余剰資金を投資に回して儲かった・損したという数字は、経常利益に反映されます。

ということは、「経常利益」が「営業利益」より多くなることもある？

ありますし、本業は大幅な黒字なのに、経営陣が財テクに失敗して経常利益は赤字なんてこともよくあります。だから経常利益だけで会社の調子は判断できないんです。

やっぱり大事なのは本業の儲け。営業利益だと。

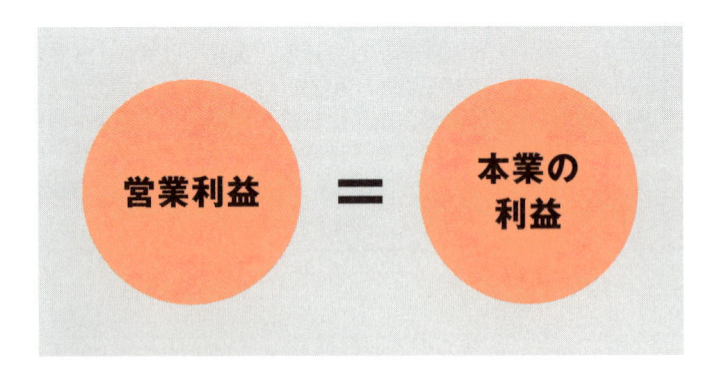

ふんふん。

次が特別損益を加味した**「税引前当期純利益」**。たとえば震災にともなう損失とか、固定資産を売り払った収益のような、毎年起こるわけではないイレギュラーな損益がここに入ります。そして最後は、法人税を支払ったあとの最終的な儲けを表す**「当期純利益」**です。

なるほど。では5つの利益のなかで**フリーランスにとって重要なのは、**「売上総利益」と「営業利益」？

そうですね。仕入れをともなうビジネスをしているなら「売上総利益」はちゃんと見ないといけないし、**どんなビジネスでも「営業利益」は絶対にこだわらないとダメです。** ただ、決算書って引き算をした結果しか書いていないので、パッと見ただけでは「ああ、今年はこれくらい儲けたんだ」で終わってしまいやすいんです。

私のことですね（笑）。

でもそこからひとつ踏み込んで、**「売上高に占める営業利益の割合（営業利益率）」** を計算したり、その推移を把握したりするひと手間がかけられるといいですね。このあたりは次章で解説します。

ちなみにこの6種の「売上」の順番って、会社運営で大事なことの順番でもあるんです。つまり一番はお客さん（売上高）、次はコスト（売上総利益）。

▼ 会社を運営するにあたって大事な順番

①お客さん（売上高）
②仕入れ先　自社のコスト
③本業以外のお金
④イレギュラーなお金
⑤国（税金）

最後は税金（笑）。

数字ではっきりとあらわれる「会社の体質」を見てみよう

- ✅ B/Sを把握すれば「財政状況」が正しくわかる
- ✅ 左は資産の部、右は負債の部と純資産の部
- ✅ 「資産−負債＝純資産」という決まりがある

 B/Sはその組織の財政的な体質を表すものです。「無借金で超堅実な経営をしている」とか、「債務超過（さいむちょうか）でギリギリの状態である」とか、「借入をバランスよく使っている」とか、「在庫を多く抱えすぎ」とか、慣れてくるといろんな情報が見えてきます。

ただ、そうした分析以前の話として、ここで押さえておきたいのはB/Sの基本的な読み方です。

 たしかに、見方がよくわからないんですよね。

 ## B/S って実はものすごくシンプルな設計なんです。

企業が使うB/Sのフォーマットを使って簡単に説明すると、まず表自体が左右2つに分かれています。左側は「資産」の部。右側は「負債」の部と「純資産（資本）」の部の2つ。

左側の「資産」は、まさにその事業者が決算の締め日（期末。フリーランスなら12月31日）の時点で保有している資産がすべて記載されています。現金や預金、売掛金、棚卸資産（在庫）、パソコンや機械といった固定資産など、会社の財産すべてです。

この「資産」の部には、1月1日（期首。前年の期末の数字のこと）の数字も記載されているので、1年間でどんな資産がどれだけ増えたり減

ったりしたか、すぐわかるようになっています。

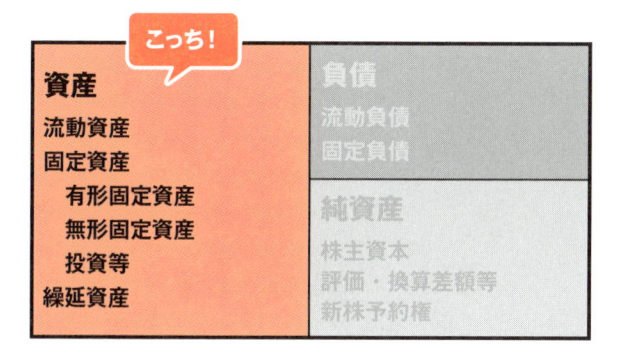

じゃあB/Sの右側はなにかというと、先ほどの「資産」の元となったお金をどう調達したかが書かれています。誰かから借りたお金は「負債」の部に、返済義務がないお金は「純資産（資本)」の部に記載されています。

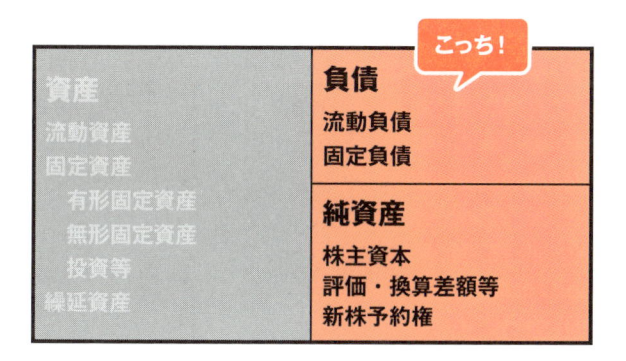

さて、ここが一番のポイントです。

 お、メモの準備できてます。

 B/Sの左側の総額と、右側の総額は、**必ず1円単位まで一致**します。左右のバランスが必ずとれているから「バランスシート」というんです。

 ## ん？　なんで一致するんですか？？？

簡単にいうと、**「資産−負債＝純資産（資本）」** という会計上のルールがあるからです。

 じゃあ、私みたいに一切借り入れをしていないと……。

 「負債」の部はゼロで、「資産」と「純資産（資本）」が一致する、ものすごくシンプルなB/Sになります。それで、商売がうまくいっていれば、B/Sの資産や純資産（資本）も毎年増えるはずですね。
1年でどれくらい増えたかを示す勘定項目のことを **「利益剰余金」**（り えき じょう よ きん）といって、これがB/Sの右側、純資産（資本）の部に存在します。実はこれ、**P/Lで算出した「税引後当期純利益」のこと** なんです。

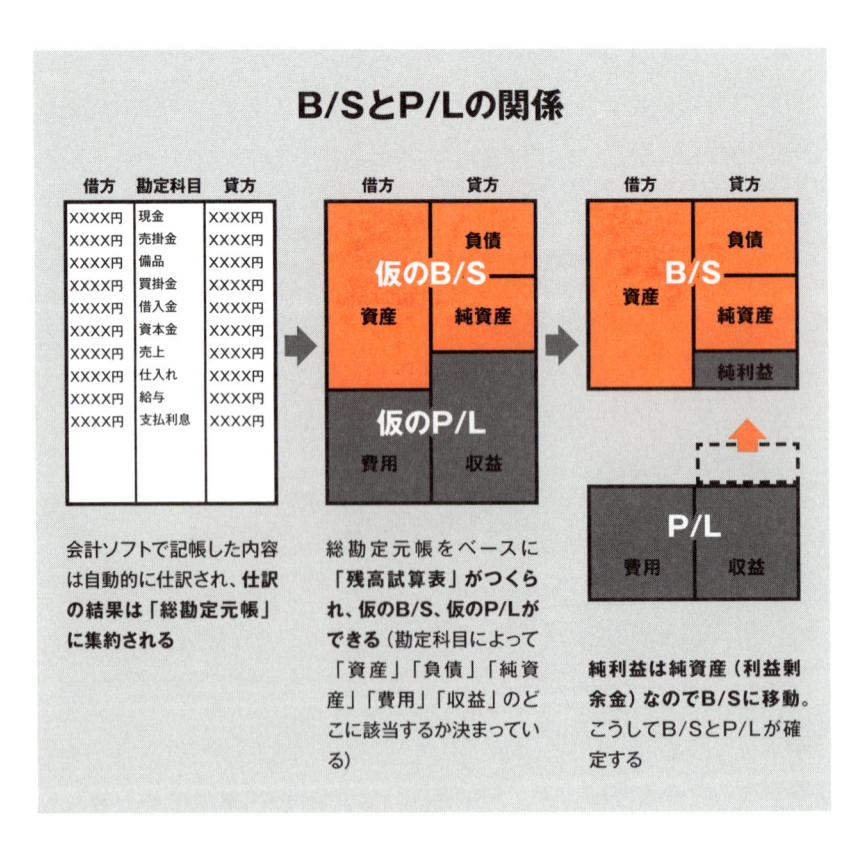

B/SとP/Lの関係

借方	勘定科目	貸方
XXXX円	現金	XXXX円
XXXX円	売掛金	XXXX円
XXXX円	備品	XXXX円
XXXX円	買掛金	XXXX円
XXXX円	借入金	XXXX円
XXXX円	資本金	XXXX円
XXXX円	売上	XXXX円
XXXX円	仕入れ	XXXX円
XXXX円	給与	XXXX円
XXXX円	支払利息	XXXX円

会計ソフトで記帳した内容は自動的に仕訳され、**仕訳の結果は「総勘定元帳」に集約される**

総勘定元帳をベースに「残高試算表」がつくられ、仮のB/S、仮のP/Lができる（勘定科目によって「資産」「負債」「純資産」「費用」「収益」のどこに該当するか決まっている）

純利益は純資産（利益剰余金）なのでB/Sに移動。こうしてB/SとP/Lが確定する

 あ、だからP/Lを先につくるわけですね。

そうなんです。たとえば1年で300万円儲けたら、B/Sの右側が300万円増えます。それと同時に、預金などの資産も300万円増えるはずなので、B/Sの左側も増える。B/S ってこんな感じでつくられているんです。

ちなみに、青色申告決算書の4枚目は個人事業主のためのB/Sですけど、B/Sの右側は「負債」と「純資産（資本）」の部が合体しています。「利益剰余金」という言葉も使わず、**「青色申告特別控除前の所得金額」**という表現になっています。

企業用とはちょっと違うんですね。

簡易版みたいな感じですね。

へぇ。で、事業主の体質みたいな話は？

よく言われるのが、B/Sの右側の「負債と純資産（資本）の割合（自己資本比率）」ですね。無借金経営が必ずしもベストとは言えませんが、そうかといって借金まみれだと、なにかあったら会社の存続が危ぶまれるじゃないですか。このあたりも次章で取り上げたいと思います。

棚卸を面倒くさがると痛い目にあう

先ほど資産の部で「棚卸資産」ってありましたけど、小売業の人が決算前によく棚卸※をしているのは、もしかしてこの資産を計算するため？

※ 在庫の数量と金額を正確に把握すること

そうです。たとえば個人でバーを営んでいる人とか、ハンドメイド作品を販売している人とか、転売目的で大量の商品を仕入れている人とかも、**12月31日時点での在庫の総額をちゃんと把握していないといけません。**

決算書のなかに、**「期首商品（製品）棚卸高」** と **「期末商品（製品）棚卸高」** という項目があるんですが、「期末」って12月31日のことですからね。

確定申告の時期が近づいた2月くらいに、「あ、棚卸するの忘れてた！」じゃ遅いわけですね。

そうなんですよ。実際、飲食業や小売業、製造業などを営んでいるのに、棚卸を面倒くさがって「棚卸資産ゼロ」って申告している人がけっこういるんです。

気持ちはわかる（笑）。

でもこれ、税務署からすれば「在庫ゼロでどうやって商売するんですか？」と突っ込むだけで相手は絶対にボロを出しますから、<u>**税務調査に入られる確率が上がる**</u>といわれています。

PART 5

専門的すぎる話は
オールスルーで！

めっちゃ使える
経営分析を
やってみよう

まず
コレ！
超重要

- ☑ 算数ができればぜ〜〜〜んぶ楽勝♪
- ☑ 簡単に安全性を測る方法は「流動比率」
- ☑ 「資産のうち、返さなくていいお金が何％あるか」を計算する

 会社のお金の流れや財政状況を外部向けに可視化するのが会計の発祥であるという話をしました。でも、せっかく可視化したんだから、それを分析して経営判断に生かそうという動きが19世紀のアメリカで出てきます。

 会社ででかくなってきたから？

 そう。産業革命の影響です。
これがいわゆる「経営分析」や「財務分析」「経営管理」といわれる領域。経営者や経営企画部、経営コンサルタント、機関投資家などが得意とするジャンルですね。

 MBA系。私とは無縁だ（笑）。

 なかには難しい数式を使うようなものもありますが、フリーランスでもできる簡単な経営分析っていろいろあるんです。そのいくつかをお教えしましょう。

 お願いします！

 最初に紹介したいのは**B/Sのレビュー**です。
レビューといっても、青色申告決算書の4枚目に書いてある数字を<u>割り</u>

算するだけなので、難しくはありません。具体的には次の2つの指標をチェックしましょう。

> 流動比率（安全性チェック）
> 自己資本比率（安全性チェック）

 「流動比率」は**「流動資産÷流動負債×100」**で計算します。

流動資産とはB/Sの左側の、固定資産以外の資産のことです。流動負債はB/Sの右側の「1年以内に返さないといけない借金や未払金などの債務」のこと。一般的に流動比率は**150 ～ 200％が理想**とされていて、100％に満たないと危険水域とみなされます。

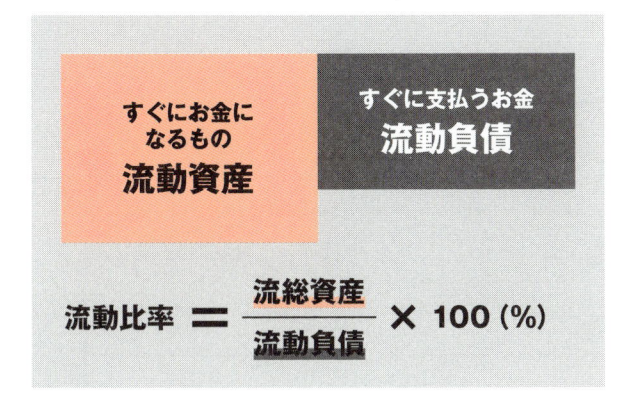

 負債のほうが多いから。

 そうです。流動比率は融資を受けるときに必ず見られます。**100％未満ならまずアウト**ですけど、100％を超えていたらOKというわけでもないんです。

 ## え？　安全じゃないですか。

 必ずしも流動性が高いとはいえない棚卸資産も流動資産として計上されるからです。在庫をいっぱい抱えている状態で流動比率が110％だった

としても、「その在庫ってすぐに現金化できるの？」という話ですよね。だから仕入れの多い商売をしているフリーランスは、余裕を持って流動比率を高めたほうがいいんです。

 納得。

 「自己資本比率」とは、B/Sの右側で「純資産（資本）」が占める割合のこと。**純資産（自己資本）÷総資本（負債＋純資産）×100**」で計算できます。B/Sの右側は「どこからお金を調達したか」が書いてあるわけですけど、借金が多ければそれだけ「自己資本比率」は下がります。

 目安は？

 業界によります。参考までに業界平均を載せておきますね。

業種	自己資本比率
建設業	47%
製造業	46%
情報通信業	55%
運輸業・郵便業	35%
卸売業	43%
小売業	35%
不動産業、物品賃貸業	36%
学術研究、専門・技術サービス業	52%
宿泊業、飲食サービス業	16%
生活関連サービス業、娯楽業	35%
サービス業（他に分類されないもの）	47%

中小企業実態基本調査 令和5年確報（令和4年決算実績）より著者が作成

やっぱり儲けてナンボ！
P/Lで「成長性」と「収益性」をチェックしよう

まず コレ！ 超重要

- ✓ 数字を単体で把握したら、時系列の変化もチェック
- ✓ P/Lの数字を決められた計算式に入れる
- ✓ 「何%増えたか」を客観的に見て、未来を見通す

次はP/Lに書いてある数字を使った、超ベーシックな経営分析の方法です。

使う数字は青色申告決算書の1枚目に書いてある年間の売上高（売上［収入］金額①）と、営業利益（差引金額㉝）だけ。これを直近と前年度の2年分用意して、次の3つを計算してほしいんです。

> 売上高増加率（成長性チェック）
> 営業利益率（収益性チェック）
> 営業利益増加率（成長性チェック）

「売上高増加率」は、「（当期売上高 − 前期売上高）÷前期売上高 × 100」で計算できます。1年間の売上が前期と比べて、何%増えたかがわかります。

事業の成長性を把握する超基本の指標で、前期より売上高が落ちていれば、もちろんマイナス成長になります。

言われてみれば当たり前のことですけど、計算したことないです。

そういう人が多いですけど、ちょっとの手間で情報の解像度がグンと上がるんです。

「成長しているからOK」という感覚だけで済まさずに、具体的にどれくらい成長したのかがわかれば、「もうちょっとやれたんじゃないか」と反省したり、「来年は20％成長しよう」と目標設定をしたりするきっかけになりますよね。

もし計算が面倒だと感じるなら、過去の売上高をエクセルに入力して**棒グラフで表示するだけでも十分**です。

たしかにそうかも。

次の「**営業利益率**」の計算式は、「**営業利益÷売上高×100**」。いかに効率よく利益を生み出しているかという、事業の収益性がわかります。経費がかさむと営業利益率は下がるので、経費がけっこう重たいと自覚しているフリーランスの方は、ぜひ数値として把握しておくといいと思います。

たしかにこれ大事かも。

で、2年分の営業利益率を計算すれば、その増加率も計算できますね。

営業利益増加率＝（当期営業利益－前期営業利益）÷前期営業利益×100

そうですね。営業利益の改善をテーマに仕入れや経費の見直しなどをしたい人にとっては、大切なKPI※になります。

※ Key Performance Indicator（重要業績評価指標）。企業における最終目標到達までの各プロセスの達成度や評価を示す指標

手元に現金がありますか？
「資金繰りができているか」を
C/Sでチェックしよう

- ✓ 「手元にいくら現金があるかを把握」は商売のキホンのキ
- ✓ 「利益が出ているのに現金がない」はよくあること
- ✓ エクセルで正確に管理する

 次は資金繰りの管理です。企業の財務諸表ではC/S（キャッシュフロー計算書）も決算書に含まれると言いましたけど、青色申告ではC/Sは不要。そのため、フリーランスの方でわざわざつくることはあまりないと思うんです。

 つくるわけがないです（笑）。

 ですよね（笑）。
でも実はエクセルで簡単につくることができますし、とくに資金繰りでいつも綱渡りをしているようなフリーランスの方は、ぜひ挑戦してほしいんです。エクセルのフォーマットを紹介しますね。

 **バッチコーイ！！！**

予定表

		2024						
年／月		**3**	**4**	**5**	**6**			**9**
収入計	0	1,000,000	2,050,000	1,000,000	1,000,0…			…0,000
当月入金		1,000,000	2,000,000	1,000,000	1,000…			…00
翌月以降入金		0	50,000	0				
その他								
支出計	0	494,800	499,386	496,467	50…			…000
人件費		280,000	280,000	280,000	280,…			…000
地代家賃		97,200	97,200	97,200	97,2…			97,200
支払利息		9,000	…,000	9,000	9,000		…0	8,000
通信費		7,000			7,000	7,000	7,000	7,000
水道光熱費		21,60…			25,353	21,600	25,353	21,600
宣伝広告費		10,00…			10,000	10,000	10,000	10,000
税理士報酬		20,00…			20,000	20,000	20,000	20,000
福利、消耗品費		50,00…			52,500	53,500	55,000	55,000
税金								300,000
その他								
差し引き過不足	0	505,200	1,550,614	503,533	498,947	1,271,700	216,447	-78,800

> **売上がいつ入るのか、支払いがいつ出ていくのか、現金の動きに注目して、月ごと（週ごとでもOK）に分けて記載する**

> **細目を細かくしすぎないこと、随時更新することが大切**

		2024						
年／月		**3**	**4**	**5**				**9**
前月より繰越し		2,500,000	8,005,200	9,055,814				9,546,441
収入		11,000,000	2,050,000	1,000,000				…000,000
借入金		10,000,000						
収入計		1,000,000	2,050,000	1,000,000				…0,000
その他								
支出		5,494,800	999,386	996,467	1,00…		…53	1,578,800
借入金返済			500,000	500,000	500,000	50…	500,000	500,000
支出計		494,800	499,386	496,467	501,053	778,300	783,553	1,078,800
資産購入費用		5,000,000						
その他								
翌月繰越し	2,500,000	8,005,200	9,055,814	9,059,347	9,058,294	9,829,994	9,546,441	8,967,641

> **毎月、「予定」と「実際に入った・出たお金」を並べて記載すると、違いがすぐわかり、翌月の計画を見直すことができる**

ああ、思ったほど複雑じゃない。

でしょう。毎月の締め日にキャッシュがいくらあるのか予測を立て、場合によっては対策を講じることが目的なので、キャッシュフローに困っていないなら優先度は低いです。

2025									
10	11	12	1	2	3	4	5	6	7
2,050,000	1,000,000	1,000,000	2,050,000	1,000,000	1,000,000	2,050,000	1,000,000	2,050,000	1,000,000
2,000,000	1,000,000	1,000,000	2,000,000	1,000,000	1,000,000	2,000,000	1,000,000	2,000,000	1,000,000
50,000	0	0	50,000	0	0	50,000	0	50,000	0
782,553	77...		778,800	782,553	778,800	782,553	778,800	778,800	782,553
560,000				560,000	560,000	560,000	560,000	560,000	560,000
97,200				97,200	97,200	97,200	97,200	97,200	97,200
8,000				8,000	8,000	8,000	8,000	8,000	8,000
7,000				7,000	7,000	7,000	7,000	7,000	7,000
25,353				25,353	21,600	25,353	21,600	21,600	25,353
10,000				10,000	10,000	10,000	10,000	10,000	10,000
20,000	20...		20,000	20,000	20,000	20,000	20,000	20,000	20,000
55,000	55,000	55,000	55,000	55,000	55,000	55,000	55,000	55,000	55,000
1,267,447	221,200	217,447	1,271,200	217,447	221,200				...447

（備品等の購入、税金の支払い、借入金の返済など、お金が大きく動くイベントは事前に記載しておく）

（備品等を割賦で購入した場合は、毎月の割賦の支払額を記載。固定資産になるようなものでも、支払った金額を記載する（減価償却費は記載しない））

2025									
10	11	12	1	2	3	4	5	6	7
8,967,641	9,735,088	9,456,288	9,173,735	9,944,935	9,662,382	9,38...			...543,429
2,050,000	1,000,000	1,000,000	2,050,000	1,000,000	1,000,000	2,050,000			1,000,000
2,050,000	1,000,000	1,000,000	2,050,...		00	2,050,000	1,000,000	2,050,000	1,000,000
1,282,553	1,278,800	1,282,553				82,553	1,278,800	1,278,800	1,282,553
500,000	500,000	500,000		0,000		500,000	500,000	500,000	500,000
782,553	778,800	782,553		553		778,800	778,800	782,553	782,553
9,735,088	9,456,288	9,173,735	9,...			151,029	9,872,229	10,643,429	10,360,876

（資金不足に備え、必ず残しておきたい最低限の金額を決めておく。「運転資金」などとして3〜6か月分のお金が残るようにしておくと、急な支出にも安心！）

でも仕入れの多い業種とか、従業員を雇っているようなフリーランスは、不測の事態に備えて資金繰りは管理したほうがいいと思います。企業であれば当たり前のようにやっていることですから。

来期は大丈夫か超・心・配!!! LTVとCPAで「利益最大化」を考えてみよう

 次はビジネスモデル寄りのテーマで、いかに利益を最大化するかという話。その基本として**LTV**と**CPA**という概念を導入することをおすすめします。

 名前だけはうっすらと。

 LTVはLife Time Valueの略で、**「顧客生涯価値（一人の顧客が生涯にわたってもたらす利益）」**のこと。普通、「売上」と聞くと「単価×個数」という因数分解が頭に浮かぶはずですけど、そこにもうひとつ、**「×リピート率」あるいは「×サービスを使ってくれる期間」という因子を付け足す**と、営業戦略もだいぶ変わってくるんです。

わかりやすい例でいえば、町の小さな居酒屋さんで地元の常連さんを特別待遇するみたいなことがありますよね。

 頼んでいない料理が出たり、焼酎がめっちゃ濃かったり。

 そう（笑）。そのサービスで1回の利益は少し下がるかもしれないし、特別待遇に不満を持つ一見さんもいるかもしれないですけど、常連さんは週に何度も来てくれるから、お店としてはそちらのほうが儲かるんです。

 **いかに常連さんをつくるか、か……。**

その現代版がサブスク（サブスクリプション）ですよね。ある商品を売り切りするのではなく、月次や年次契約にして顧客を囲い込む。サービス業でサブスクを導入したなんてニュースをたまに聞くようになりましたけど、これもLTVを高める工夫です。

ライターでLTVを高めるってなんだろう……。

連載の仕事を受けるとか、シリーズものの本を企画して売り込むとか、出版社からまとまった額をもらう代わりに年間何冊書くと契約するとか、いろいろ考えられますよね。

あぁ、そういうことか。

それ以外にもいっぱい選択肢はあると思うんです。ただそれも **「LTVを高めるためにはどんな方法があるか？」** という問いを持たないとアイデアは出てきませんよね。

たしかに。

で、LTVとセットで考えたいのがCPA（コンバージョン単価、Cost Per Acquisition）。**一人の顧客を獲得するためにかかるコスト**のことです。**「顧客獲得費用÷コンバージョン数（顧客数）」** で計算します。

これってネット広告を打つような業種の人が考えることじゃないんですか？

もちろんネット広告を打つときは絶対に考えますけど、ネット広告を打たなくても、案件を獲得するために時間やお金をかけるフリーランスはいっぱいいるじゃないですか。

そうか。私の場合、本そのものが「広告」になるので自分のウェブサイト以外、営業らしいことを一度もしていないんですよ。

それはCPAが限りなくゼロに近い効率的なビジネスモデルと言えますよね。ただ、たとえば独立したばかりの若い人で、やたらと高額な勉強会や交流会に参加して営業しまくる人もいるんです。

フットワークが軽くていいじゃないですか。

営業は大事です。**でもCPAが高くなりすぎて元が取れていない人ってけっこういるんです。**
たとえば営業活動に年間200万円かけて、10万円の単発の仕事を20件しか取れなかったら儲けはないじゃないですか。でも、それが「20万円の単発の仕事20件」だったり、「年10万円の複数年契約20件」だったら元は取れますよね。

あ、ここでLTVとつながるわけですね！ **CPAはLTVより小さくないとダメ。**

そうなんです。式で書けば「LTV ＞ CPA」。ただ、これはあくまでも最低限守りたい式であって、LTVがCPAを上回っていたらすべてOKと言いたいわけではないですよ。

でも利益を最大化したいなら、現状のLTVとCPAをまず計算してみることが最初の一歩。そこから「LTVを高める方法」、「CPAを下げる方法」、「CPAの最適値」などをいろいろ考えてみるといいですね。

KPIを設定する

最後に紹介する手法も、会社勤めの人なら当たり前にやっていることですけど、**年度が変わるたびに次の1年間の売上予測や予算計画を立てたほうがいい**と思います。

結局、確定申告って過去を見るだけなので、「ああ、稼ぎはこんな感じだったんだ」とか「なんとか1年乗り切れたな」で満足しがち。でもせっかく過去の数字が整理できたなら、その数字を参考にしながら本年度の目標を立てればいいのに、と思うんです。

いわゆる予実管理のこと？

はい。あるいはシンプルに「KPIを設定する」ということでも構いません。別に難しいことをする必要はなく、月次の収入と支出の予測を1年分立て、月に1回でも3か月に1回でもいいので実際の数値と比較する。それをするだけでもいろんなアイデアが湧いてくるはずですよ。

そう言われてみると、会社員のときは上司からよく「KPI、KPI」って言われてたなぁ……。

それは、上司も経営層から「部署としてのKPI」を達成するよう強く言われているからですよ。でもいざフリーランスになるとそういうしがらみから解放されるから、自分をわざわざ縛るような目標設定を避ける人が少なくない気がします。

よくおわかりで（笑）。

でも実際にやってみると、普段考えが及ばないところで新しいアイデアが湧いてきたり、気持ちにスイッチが入ったりするから、1年だけでもやってみたらいいと思いますよ。
たとえば「前年比120％の所得を目指す」みたいなざっくりした目標でいいんです。

▼ 目標が数値化できていればOK！

- 売上増加率10％（あるいは年商〇〇円）
- 営業利益増加率10％（あるいは営業利益〇〇円）
- ランディングページ訪問者増加率10％（あるいは訪問者〇〇人）

要は数値化することが大事だと。

はい。**目標を立てるならやっぱり数値が一番です。** 緊張感が生まれますから。

ああ、緊張感があるから「ではそれを実現するためには？」と頭が働きだすわけですね。

そういうことです。「今期はがんばるぞ！」じゃ、いくらでも自分に言い訳できてしまいますからね。

うーん、たしかに。ちょっとやってみようかな。

PART 6

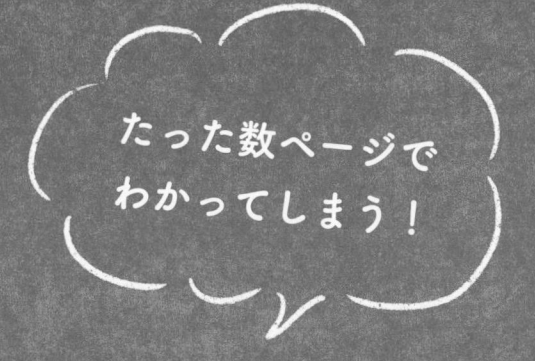
たった数ページで
わかってしまう！

消耗せず働くための
営業戦略を
マスターしよう

金持ちフリーランスと 貧乏フリーランスの 決定的なちがいって？

- ✓ サービスの売り値を決めるのは自分自身だーーーッ
- ✓ 基本は「相場」を知ること
- ✓ 競争相手が多く飽和状態になると案件は減少、単価も下がる

 営業やブランディングの話もしておきましょう。フリーランスになると自分が提供するサービスの売り値は自分で決めることになるので、悩む人って多いんです。

 よくわかります。私の仕事っていわゆる「裏稼業」なので、表立った情報が全然なく、**当初は相場を知らず言い値でした。**
そのうちいろんな編集者さんから相場観を教わって、私も少しずつ交渉するようになって、条件がよくなっていった感じです。

 郷さんの仕事は少し特殊ですからね。基本はやはり<u>参入したい市場の相場をネットなりで調べる</u>ことです。

 それは、現実的な売り値を設定するという意味で？

 もちろんそれもあります。ただ、似たようなスキルと労力を要するわりに市場によって相場が異なることもあるんです。
たとえば、小規模なウェブメディアの下請けや孫請けとして仕事をするのと、大企業から直接仕事を受けるのでは単価が違いますよね。だから、「どの市場で商売するか？」の見極めにも、相場を知ることは超重要。

 たしかに、ネット記事とか単価が安すぎてやる気がしないですね。

 そういうこと。競争の激しい、いわゆるレッドオーシャンですね。**「競合相手が多いところ」** なおかつ **「誰に頼んでも同じような成果しか求められていないところ」** は必然的に価格競争が激しくなります。

そこで疲弊するのが嫌なら、付加価値をつけて差別化を図るか、戦略的に戦う市場を変えたりしたいですよね。

自分の「1時間」をいくらで売るか?

 いまでも悩むのが、ライティング以外の**イレギュラーな仕事を依頼されたときの価格設定**なんです。たとえば編集者さんから「著者の原稿がいまいちだからどう軌道修正を図ればいいか意見を聞かせてください」とか、本を出版したい人から「企画のブレスト相手になってもらえますか」みたいな依頼が入ることもあるんです。なにせ商品が「自分の脳」じゃないですか。なおさらいくら請求していいかわからなくて。

 いわゆるコンサルフィーみたいなものですよね。

 はい。Zoomで30分くらいなら無料でいいかなと思ったり。

 いやいや、そこはちゃんと請求しましょう。
時間という貴重な経営資源を投下しているわけですし、その知見を獲得するまでにものすごい時間をかけてきたわけですよね。それを無償で提

供するのは**クリエイターや知的労働者が一番やってはいけないこと**だと思いますけどね。

 じゃあ、いくらが相場なんですかね。1000円とか？

 高校生バイトか（笑）。まずは最近の郷さんが1時間あたりどれくらいの価値を生み出しているか、**月の平均収入と平均労働時間から算出**してみればどうですか？

 あ、そうか。ちょっとやってみます。……**えっ、3000円も！**

 ということは「1時間3000円」がミニマムだと思いましょう。要は、それより時給が低くなるイレギュラーな仕事をするくらいなら、本業をしたほうが合理的だということ。もちろん、そのイレギュラーな仕事が大きな仕事につながることもあるでしょうから一概には言えませんが。

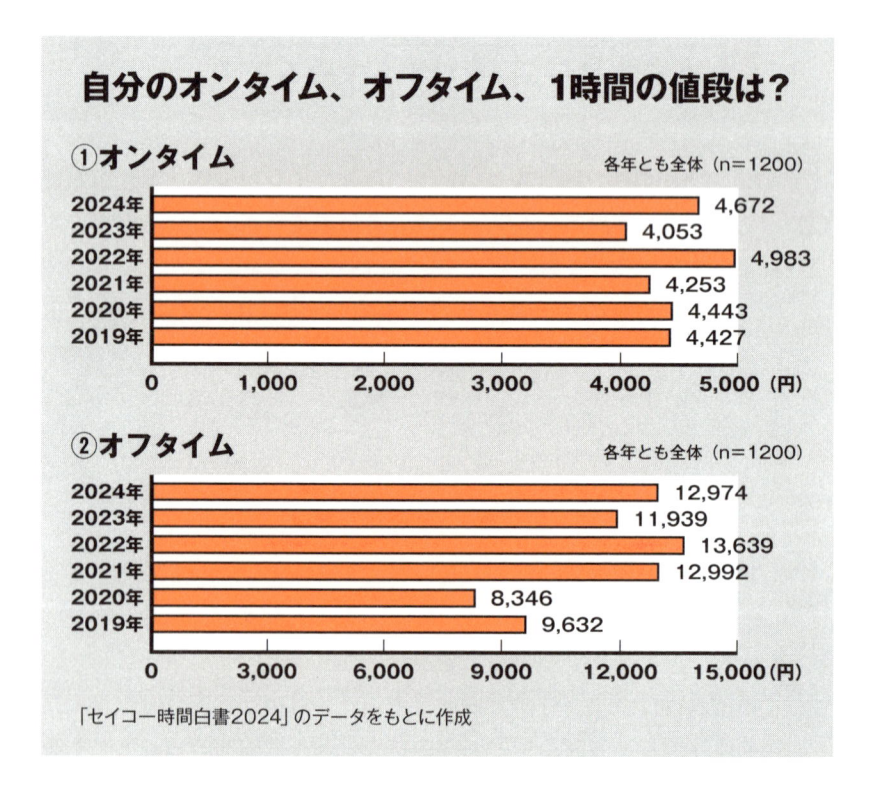

自分のオンタイム、オフタイム、1時間の値段は？

①オンタイム

各年とも全体（n＝1200）

年	金額（円）
2024年	4,672
2023年	4,053
2022年	4,983
2021年	4,253
2020年	4,443
2019年	4,427

②オフタイム

各年とも全体（n＝1200）

年	金額（円）
2024年	12,974
2023年	11,939
2022年	13,639
2021年	12,992
2020年	8,346
2019年	9,632

「セイコー時間白書2024」のデータをもとに作成

目安として、上場企業の会社員の平均的な時給は3500円くらい。税理士の相談費用は1時間5000円〜1万円くらい。弁護士は1時間1万〜2万円くらい。パートナーレベルのコンサルタントなどになってくると1時間10万円なんてザラです。

 ## 高っ！

 でも提供できる価値や希少性、実績によってフリーランスの単価っていくらでも上げられるんです。というか、自分の市場価値ってある程度、**意識的に上げていかないと「気づいたら何年も同じ水準のまま」**という人が多いんです。

 ギクッ！

 郷さんの場合、ブックライターという希少性やヒット作をたくさん担当されてきた実績を考えると、1時間1万円を払う人は絶対にいると思いますけどね。

 時給1万円かぁ……。悪くないという気持ちがあると同時に、小間切れの仕事が増えてマルチタスクになるのがイヤという気持ちもある……。

 だとしたら、なおさら高めのコンサルフィーを設定して、ご自身のウェブサイトに明記すればいいんじゃないですか。むやみに仕事を集めるのではなく、仕事を選別するのもひとつの営業戦略です。

 たしかに。ちょっと考えてみます。

「この仕事でどんなリターンが得られるんだろう?」とじっくり考えてみる

**まず
コレ!
超重要**

- ✔ 時間（＝限られたリソース）をどう使うかを考える
- ✔ 謙虚な人の弱点は「売り込み下手」
- ✔ 収入「横ばい期」は現状ステイを捨てる勇気も必要

 先ほど「実績」という言葉を使いましたけど、自分の市場価値を上げていくには、実績なりスキルなり知識なりが時間とともに積み上がっていくような戦略的な働き方が大事だと思うんです。

 積み上がるというと？

 たとえば会社員のキャリアパスを考えても、最初は簿記3級を持った経理アシスタントとして零細企業で働きだしたとしても、「経理を3年やった」という実績をもとに中規模の会社に転職できるかもしれないですよね。
さらに簿記2級も取って主任クラスになれば、今度は「簿記2級を持った経理の即戦力」として大企業に転職できるかもしれないし、さらに経営企画や財務などお金にまつわる職種を幅広く経験したら、スタートアップ企業のCFO（最高財務責任者）として誘われる可能性もあるわけじゃないですか。

 アメリカ人のホワイトカラーなんて、転職するたびにポジションと年収をガンガン上げていきますもんね。ハッタリかましながら（笑）。

 でも、自分を高く買ってもらおうとするその気持ちが大事なんです。会社員でもそうなら、フリーランスはなおさらです。せっかく一日の3分の1や2分の1を仕事に費やすなら、**努力したことが自分の価値に跳ね返**

るような働き方をしたほうが絶対にいいと思います。

 たしかに、誰でもできる単純作業を10年やっても年収1000万円を超えるのは難しそう。

 そうなんです。たとえば私が独立したてのころはまだ若いし無名だったので、セミナー講師として呼んでもらうこと自体、大変だったんです。だからはじめて依頼を受けたときはほぼ言い値。でも、仮に最初は5万円の仕事だったとしても、一度セミナー講師をすれば、次回は「○○社のセミナーで講師を務めた公認会計士」として自分の価値を高く売ることができるんです。

 ああ、じゃあその次は10万円で、その次は20万円みたいに。

 そう。そうやって実績を積み重ねていき、さらにいまはYouTuberという実績もあるので、セミナー1本で100万円くらいは普通に請求できるんです。10万円の仕事なら部下に行かせるとか。

 ## 1回100万!?

 でもそうやって階段を上がっていけたのは、仕事の依頼を受けたときに僕自身が自分の実績をちゃんとアピールしてきたから。
「私にはこれだけの実績があるんだから、周囲もそれをわかってくれるはず」というのは、多くのフリーランスがしがちな勘違いですね。

PART
6

消耗せず働くための営業戦略をマスターしよう

そうかもしれない……。

会社なら営業部や広報部、マーケティング部など、自社を宣伝する部隊が揃っているわけです。でもフリーランスって一人だから、ついつい「自分の宣伝」って後回しになりやすいんです。忘れてはいけないのは、**積み上がった実績をちゃんと自分でアピールすること。**

ましてや日本人は謙虚な人が多いし。

そう。怪しい情報商材屋みたいな過剰に盛った宣伝はむしろ逆効果ですけど、自分の実績なり価値を周囲に知らしめる努力は、ちゃんとしたほうがいいと思います。

自分の価値が頭打ちになったらどうする？

私は幸い「本」という形に残るものをつくる仕事をしているので、出した作品が10万部を超えるような幸運に恵まれるたびにそれが実績かつ広告塔となって、仕事の条件もよくなっていったんです。でも改めて考えると、**ここ数年、収入はずっと横ばい（笑）。**

それはブックライターとしての市場価値がすでに頭打ちだからじゃないですか。出版社としても本1冊にかけられる製作費には上限があるわけですから。

ですよね……。どうしたらいいですかね。

ひとつは生成AIなどをうまく使って生産性を爆上げするという方法がありますよね。でもそれでもきっと限界はあるので、いままでの実績を土台にして、郷さんのことをもっと高く買ってくれる市場を開拓するのが定石かなと思います。それは動画の世界かもしれないし、ノウハウを売る世界かもしれないし、後進を育成する世界かもしれない。
もちろん実績とはまったく関係ないところで、新しいビジネスをはじめ

たって構いません。**思ったことを自由に仕事にできるのが、フリーランスの面白さであり、強さなんですから。**

なるほど。考えることがまた増えました（笑）。

▼ 自分の市場価値を上げる方法

①自己研鑽を積む

自分のスキルが未熟ならとにかく自己研鑽。その道の上位層がどんなスキルを持っているのか、は仲のいいクライアントに聞くとよい。

例：作業効率を上げる、クライアントが求める質を超える、センスを磨く、視野を広げる・教養を高める、コミュニケーションスキル・ビジネススキルを磨くなど。

②組み合わせる

スキルの組み合わせは希少性を生みやすい。新たなスキルを学び、既存のスキルと組み合わせるのが市場価値を上げる鉄板の方法。有効活用していないスキルがあるか棚卸もしたい。

例：デザイナーがカメラを学ぶ、マーケターがWeb制作を学ぶ、ライターが動画編集を学ぶなど。

③市場を変える

市場によってスキルの需給バランスは変わる。自分のスキルをより高く買ってくれる市場を探してみれば見つかることも。

例：海外で働く、別の業界に売り込みをかける、to C（個人）からto B（企業）に変えるなど。

④ゼロからやり直す

若い人ならいまのスキルにこだわらず、未経験の世界に挑戦するのもアリ。市場の成長性や自分の適性を見ながら判断したい。隙間時間に少しずつはじめてもいい。

例：公認会計士を目指す、アーティストになる、YouTuberに転身するなど。

- フリーランスは労働基準法の適用外
- 法的手段に訴えず「泣き寝入り」、はもうやめる
- 金銭に起因する悩みは無料で弁護士に相談できる

 そういえばインボイス制度の話のときに少し出てきましたけど、お客さんから理不尽な値下げを要求されたとき、うまく言い返すことってできるんですか？

 まず法律的な話からすると、2024年11月施行の「フリーランス保護法」で、**フリーランスいじめのようなことはしづらくなります。**

 そんな法律ができたんですか。

 正式名称は「特定受託事業者に係る取引の適正化等に関する法律」。2023年春に可決されました。「特定受託事業者」がフリーランスのことで、以下の2つの条件を満たす人が対象です。

①法人・個人から業務委託を受けて仕事をしている人
②従業員を雇っていない人

なので、一人社長も対象です。

 一般的なフリーランスの定義より狭いんですね。でも私は対象者だ。

 はい。自分の知識やスキルを使って業務委託の仕事を受けている人たち

のことですね。一人親方って労働基準法が適用されないので、どうして
も弱い立場に置かれることが多いんです。そんな人でも安心して働ける
環境を整備する目的でつくられた法律です。

従来も「独占禁止法」（優越的地位の濫用の禁止）や、独禁法を補完す
る「下請法」といったフリーランスを守る法律はあって、以下のような
行為はするなと定められています。

- 報酬の支払い遅延
- 報酬の減額
- 著しく低い報酬の一方的な決定
- やり直しの要請
- 一方的な発注取り消し
- 納品物に関する権利（著作権など）の一方的な取り扱い
- 納品物の受領拒否
- 納品物の返品
- 不要な商品などの購入・利用強制
- 契約外のサービス提供の要請
- 必要な範囲を超えた秘密保持義務・競業避止（他社との取引制限）
  義務などの一方的な設定
- その他、取引条件の一方的な設定・変更・実施

今回のフリーランス保護法は、独禁法や下請法と重複する箇所もありま
すが、あくまでも独立した法律という位置づけです。下請法にはない新
しい規制事項も設けられています。
ちなみに下請法は資本金1000万円以上の企業が対象ですが、フリーラ
ンス保護法はそうした**資本金の要件はありません。**

 たしかに零細企業って、法令順守の意識があまり高くない印象がありま
すもんね。

 はい。そういう意味でもかなりフリーランスに寄り添った法律だと思い
ます。

どんなことがルール化されたんですか？

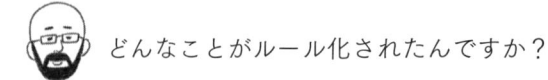 こんな内容です。

①業務委託をしたら直ちに取引条件を書面等で明示しないといけない。
報酬額や支払期日、支払方法、検査完了日などを含む

②60日以内に報酬を支払わないといけない。
発注品を受け取った日から60日以内

③「1か月以上の業務委託」をする場合、以下の7つのことをしてはならない。
受領拒否／報酬減額／返品／買いたたき／物の購入・役務利用の強制／経済上の利益の提供要請／不当な業務内容の変更・やり直し

④フリーランス募集情報は正確に書かないといけない。
虚偽情報はもちろん、誤解を与える表示もダメ

⑤「6か月以上の業務委託」をする場合、業務と育児・介護などの両立ができるよう考慮しないといけない。
「介護があるので会議はオンラインにしてほしい」「子どもが病気で作業ができず、納期を少し延ばしてほしい」など

⑥万全なハラスメント対策を講じること。
ハラスメント禁止はもちろん、社内周知、苦情に対応する体制整備、迅速な事後対応など

⑦「6か月以上の業務委託」の中途解除や未更新の通達は30日前までに行うこと。
予告日から解除日までにフリーランス側から理由の開示請求があった場合は、それについて明らかにしないといけない

おお！　①（取引条件明示）とか本当にやってほしい！

以前、超大手出版社と仕事をしたときに、「原稿料は納品された原稿を見て決めます」とかたくなに言われて、「こんなパワハラ企業と仕事できるか！」と担当者にタンカを切って書きかけの原稿だけ送って仕事を降りた経験があります。きっと⑥（パワハラ対策）もやってないんだろうなぁ。

ファイターですねぇ（笑）。まあ、コンプラ意識の低い会社なんて掃いて捨てるほどあるのが日本の現実です。

⑤（育休・介護の両立）もいいですね。私の場合は幸い育児に理解のある編集者さんが多かったので融通を利かせてもらってきましたけど、法律で明記されると助かる人も多そうです。

そうですよね。

あ、でも実際にフリーランスいじめにあったときって、どこに相談すればいいんですか？　**組合？　警察？　公正取引委員会？**

実は国が専用の窓口を用意しているんです。第二東京弁護士会が厚生労働省の委託を受けて「フリーランス・トラブル110番」というサービスを提供しています。相談は無料で、匿名でもOKです。

> **フリーランス・トラブル110番**
> https://freelance110.mhlw.go.jp/

相談内容に応じて**直接和解に動く**のか、**訴訟や民事調停に行く**のか、**労働基準監督署や公正取引委員会、中小企業庁に報告する**のかなども考えてもらえます。

それは頼もしい！　ブックマークしておきます。

-  法律がつくられても、立場が弱いのは変わらない
- 交渉は手持ちのカードを後出しする側が有利
- 単価交渉をして怒る人との仕事は断る

 で、いまの話は自分の身を守るためにもぜひ覚えておいてほしいんですけど、ものすごくぶっちゃけて言うと、建前論でもあるんです。

 と言いますと？

 たとえば、フリーランスになったばかりで実績もない人が、取引先の理不尽な対応にいちいち法律を振りかざしていたら、どうなります？

 相手は一瞬だけ「ごめんなさい」をするでしょうけど、**うわさが広まったらどこも仕事を回してくれなそう。**

 そう。たぶんそれが現実です。私も複数の会社を経営しているので取引先から理不尽な要求をされた経験はいくらでもあります。でも実は、法律を盾にしたことってほとんどありません。
私が部下にもよく伝えているのは、「一方的な要求があったときに、仮にその場は譲歩したとしても、長期的に見て得するように話を持っていく」を基本とすることですね。要は負けっぱなしでは終わらない。

 小山先生、かっこいい（キラキラ）！

 たとえば取引先から「今期厳しいんだよね。来期から軌道に乗るはずだ

から今回10％引いてくれない？」とこっそり言われたとしたら、「わかりました。その代わり来期から単価を毎年1.1倍させていただいていいですか？」といった要求を出すんです。

いずれ担当者が代わって「そんな話は知りません」と言われるリスクもあるので、できるだけ書面で残します。

 **賢い！　損して得とれ作戦。**

 そう。毎回うまくいくわけではないですけど、安易に自分を安売りすることはできるだけやめたほうがいいと思います。

 たしかに安売りは怖そう。

 安売りに慣れてしまうと経営は悪化するし、フリーランスにとって超大事な「評価」や「自信」を傷つけることになりますよね。するとなおさら、「なんでもいいから仕事しないと」という状態になって、**さらに安売りに走る悪循環に陥るんです。**

 しかも行き着く先はレッドオーシャン。

 そう。とくにフリーランスのなかには実家暮らしとか、扶養に入っている人も多いので、「小遣いのためにやっているだけだから、どれだけ安い単価でも仕事を受けます」なんて人もいるんです。

 たしかにいますね。

133

そういう市場だと損して得とれ作戦すら通用しないかもしれませんが、**自分なりに見極めて潔く撤退するのも立派な営業戦略**だと思うんです。

 いや〜、めっちゃ納得です。

▼ 交渉で使えるテクニック

- **ドアインザフェイス**：先に大きな要求を出してから、要求を下げていく

- **フットインザドア**：先に小さな要求を出してから、要求を上げていく

- **シャルパンティエ効果**：価格を安く表現し、相手の抵抗を減らす（例）年12,000円→月1,000円

- **松竹梅理論**：高いもの、中間のもの、安いものを提示されると中間のものが選ばれやすい

- **ローボールテクニック**：先に好条件を提示し承諾を得てから、悪条件を開示する

- **自己説得**：自分が相手に一番伝えたいこと、説得したいことを「相手に言わせる」流れへと持っていく

- **ハロー効果**：学歴や実績など際立った「よい一面」を見せることで、相手との信頼関係を築く

- **プロスペクト理論**：「〇〇をしないと、△△ができなくなります」など損失を強調することで、購買意欲を高める

- **BATNA（バトナ）**：交渉が決裂しても決して損はしないという代替案があることを伝える

PART 7

サクッと覚え
ちゃいましょう！

法人化する
メリット・デメリット
を見てみよう

どれくらいの収入になったら法人化するべき？ ベストなタイミングを知ろう

- ✅ 所得税と法人税のどちらが税金面で有利かを考える
- ✅ 個人所得900万円程度を目安に検討
- ✅ 社会的信用や出資が必要になった場合も検討のタイミング

 法人化の話もしないといけませんね。近年は一人社長の、いわゆる**マイクロ法人**※が非常に増えています。

※ 従業員を雇わないで代表者が1人で事業を行う会社

 仕事が軌道に乗ったフリーランスが直面する代表的な悩みといえば、法人化するかしないか、そしていつするかですよね。

 その相談はよく受けます。ざっくりとした目安としては、**安定して年収が900万円とか1000万円を超えるようになってきたら検討**をしていいと思いますね。

 その心は？

 税金が安くなるからです。所得税って、儲けている人ほど高い税率が課せられる**累進課税制度**をとっているんですね。所得が899.9万円までなら所得税は5〜23％で、さほど気にならないと思いますけど、それを超えてくると33％（900万〜1799.9万）、40％（1800万〜3999.9万）、45％（4000万以上）と非常に高くなります。

さらに住民税は所得の10％なので、4000万円以上稼いだフリーランスは半分以上の55％※を国や市町村に納めないといけません。

※業種によっては個人事業税が3〜5％課される

課税される所得金額	税率	控除額
1,000円 から 1,949,000円まで	5%	0円
1,950,000円 から 3,299,000円まで	10%	97,500円
3,300,000円 から 6,949,000円まで	20%	427,500円
6,950,000円 から 8,999,000円まで	23%	636,000円
9,000,000円 から 17,999,000円まで	33%	1,536,000円
18,000,000円 から 39,999,000円まで	40%	2,796,000円
40,000,000円 以上	45%	4,796,000円

例）課税所得300万円の場合、195万円×5%＋〈300万円－195万円〉×10%
＝20万2500円

※ これに2037年まで復興特別所得税が加算される（所得税の2.1％）

 **罰ゲームですね。**

 でも、法人税は最大でも23.2％[※]です。国としても海外企業を誘致したいとか、日本企業に頑張ってほしいという思惑があるから、<u>法人税って年々下がっている</u>んですよ。だから所得税率が法人税率を超える900万円（33％）がひとつの目安になるわけです。

※ 地方税等を含めた実効税率でも約35％

 なるほど。

 あと、個人事業主として年収が1000万円を超えると、その2年後から消

費税を納める課税事業者になるんです[1]。ただ、法人設立から最初の2年間は消費税の納付が免除される制度がある[2]ので、**1000万円を超えてから2年後のタイミングで法人化すると、丸4年間、消費税納税が免除される**裏ワザがあります。それを狙って法人化する人もいますね。どのみち課税事業者になったら経理事務が増えるので、それなら税理士事務所と契約するなりして法人化しちゃえ、みたいな。

[1] 賃貸物件を住宅用として運用する場合は非課税売上となり、1000万円を超えても課税事業者にならない

[2] 設立時の資本金1000万未満など一定の要件あり

 じゃあ、個人事業主が法人化する目的は基本的に節税？

 最近では節税目的がほとんどですね。昔は会社を立ち上げるために数百万単位のお金が必要だったんですけど、法律が変わって**資本金1円から起業できる**ようになったことが一番の理由です。

節税以外の法人化のメリットってなに？

 法人税と消費税免除の話以外で、「法人成り（法人化）」するメリットってなんですか？

 節税面でひとつ付け足すと、経費にできる範囲が広くなることも利点ですね。それこそ自分の役員報酬とか、家族を従業員にしている人への給与、社会保険料なども経費になります。
あと個人事業主だと住居費のせいぜい2〜5割くらいしか**家事按分**[※]できないですよね。でも法人化して法人名義で家を借りれば、自分の家を「社宅」という扱いにできるので、**一切事業で使っていなくても5〜8割くらいを経費に計上できる**んです。私が住んでいる家も、実は社宅の扱いにしています。

※ 個人事業主などが自宅と事務所を兼用している場合、家賃や光熱費の一部を経費計上するために行う計算方法

なにそれ、めっちゃいい！

 節税面以外では、個人的にすごく大きなメリットだと思っているのが<u>社会的な信用です</u>。融資を受けやすくなるとか、取引先が増えるとか、人を採用しやすくなるとか、総合的な意味で。

 法人じゃないと相手にしてくれない会社とかあるんですか？

 ## いっ～～ぱいあります。

 そんなにあるんだ（笑）。

 もうひとつのメリットは、**たとえ事業に失敗したとしても法人なら有限責任になる**こと。会社って株主のものですから、一人社長であっても自分が出資した額以上の責任はないんです。もちろん、社長が個人として借りたお金が返せなくなったら自己破産などもありうる話ですけどね。

> **法人化するメリット**
> - 個人でやるより節税しやすい
> - 法人だと営業がしやすい
> - 信用度が上がり、融資が受けやすくなる
> - 人材を集めやすくなる、見込み客が増える
> - 万が一事業で損失を出した場合、会社の責任範囲※のみを背負う
> - 損失を最大10年間繰り越せる
>
> ※ 出資した資本金までが責任範囲。ただし、銀行融資等に連帯保証が入っているケースは個人でも責任を負う

会社のお金は自分のお金、ではなくなる

 逆にデメリットとしてよく挙げられるのはこんなことです。

- 法人設立費用がかかる
- 自分や従業員の社会保険料を支払わないといけない
- 経理などの事務が増える
- 登記可能な事務所が必要（賃貸物件だと不可の場合があるため）
- 最低でも年間7万円の法人住民税がかかる

ただ、実は郷さんのように長年フリーランスをされてきた方からすると、**法人化することで会社のお金を自由に使えなくなる**点が、最も違和感を覚える点かもしれません。

 使えないんですか？

 ダメです。一人社長であろうと、法人口座から勝手にお金を引き出して私的に使ったら業務上横領です。もちろん経費ならOKですけど。

 じゃあ、私生活でお金が必要になったらどうするんですか？

 基本的には自分で事前に設定する役員報酬で生活をカバーしないといけません。どうしても会社のお金が使いたいときは、「役員貸付金」という名目で会社からお金を借りる手順を踏む必要があります。

 自分の金を、わざわざ借りる？

 法人って独立した人格なので、会社の儲けはあくまでも「法人のお金」になるんです。儲けがそのまま自分の所得になる個人事業主との一番の違いかもしれないですね。
貸付金ですから、ちゃんと利息をつけて返さないといけないし、役員貸付金で会社のお金をバンバン使っているようなところって、**融資の信用調査があったらまずアウトなんです。**

 そう言われてみるとヤバい感じがしますね。借金が膨らんで返済できなくなるのが目に見えている（笑）。

 それもありますし、そもそも融資したお金が事業以外の目的で使われる可能性が高いわけじゃないですか。それはNOって言われますよね。

 会社のお金は自分のお金……ではなくなるのか。

意外と難しい「役員報酬」の決め方

 ということは、生活に困らないように役員報酬は高めに設定したほうがいいわけですか？

 そうとも言い切れません。というのも**役員報酬を高めにすると所得税も社会保険料も高くなる**ので、法人化による節税効果が薄まる可能性があるんです。

 あ、そっか！　たしかにそれでは意味がない。

 でも、そうかといって低めに設定すると、生活に困るリスクがあるわけです。もちろん貯金がたくさんあるとか、法人以外に収入源があるなら、**役員報酬を月4万5000円以下に抑えて、所得税と社会保険料を最安にする**手もありますし、実際、多くのマイクロ法人が使っています。ただ、基本的には最適な落としどころを見つけることが大事かなと思います。

 あれ？　そもそも役員報酬ってどのタイミングで決めるんですか？

 毎年、**事業年度が開始してから3か月以内**に決めないといけません※。ということは、その1年間の会社の収益がどんな感じになるのか予測しないといけないので、ある程度の計画性が大事になってきます。

※ たとえば、パンデミックによる緊急事態宣言や災害、経営難など、やむを得ない理由（臨時改定事由）がある場合は年度途中でも変更できる

 でも「今期は業績がよかったから自分にボーナスをあげよう！」みたい

なことはできますよね？　会社なんだから。

役員報酬とは別に、自分に **役員賞与** を与えることは普通にできます。金額も自由に決めて構いません。

お！　じゃあその仕組みを使って会社のお金を自分のものにすればいいのか。

いや、それだと会社の利益をいくらでもコントロールできてしまいますし、私的流用に歯止めがかからないので、**「役員賞与は損金として認めない※」** というルールがあるんです。

※「事前確定届出給与」を利用することで、役員賞与も経費（損金）として計上できる。ただし、支給時期や金額について、届け出たとおりに支給しなければ、全額が損金不算入になってしまう

それってつまり……役員報酬は経費だけど、役員賞与は経費ではないということ？

そうです。賞与を損金扱いにする細かい方法はいくつかありますけど、基本はそうなっています。

ちぇっ（笑）。

社会保険料は重くなる？　軽くなる？　コントロールする最適な方法

- ✓ 法人をつくると健康保険と厚生年金に加入する
- ✓ 健康保険料や厚生年金保険料は標準報酬月額に連動して決まる
- ✓ 扶養家族が多くなるほどお得になる

 会社をつくったら社会保険は具体的にどうなるんですか？

 まず、社会保険ってひとくちに言っても、次の5つがあるんです。

> **健康保険【必須】**　病気やケガなどをしたときなどに必要な給付を受けることができる医療保険
>
> **厚生年金保険【必須】**　企業に勤める労働者を対象とした公的年金制度
>
> **労災保険**　労働者災害補償保険法に基づき、民間企業の従業員との遺族に適用される公的保険制度
>
> **雇用保険**　従業員が失業した場合などに金銭面をサポートする制度
>
> **介護保険**　要介護認定または要支援認定を受けたときに介護サービスを受けることができる制度

このうち雇用保険と労災保険は従業員がいる場合に加入が必要な **「労働保険」** と呼ばれるもので、一人で会社を立ち上げる際に加入が必須なのは健康保険と厚生年金保険です。40歳を超えている人は健康保険料と一緒に介護保険料も払わないといけません。

 どこに加入するんですか？

 自営業者なら協会けんぽ（全国健康保険協会）でしょうね。大企業にな

るど独自に健康保険組合をつくって運用していますけど、そういう組合を持たない中小企業は協会けんぽを使います。

そういう団体があるんですね。ここが健康保険と厚生年金の両方をやってくれる？

そう、セットで加入します。
で、健康保険も厚生年金も会社と個人（自分や従業員）で折半して保険料を納めます。一人社長だとあまり気にならないですけど、従業員が増えるとどうしても会社負担の額が増えることになります。

ですよね。一人社長だと社会保険料ってどれくらいなんですか？

標準報酬月額という等級表に基づいて計算します。たとえば役員報酬が月50万円なら、社長が個人として支払う年間の社会保険料は86万円くらいです。**労使折半**なので、自分の会社側でもほぼ同額を負担しないといけません。

※ 厚生年金は32等級あり、保険料の上限は65万円。健康保険は50等級あり、上限は139万円。

高いのか安いのかわからない（笑）。

個人事業主で月の所得50万円（年間所得600万円）なら、年間の社会保険料は72万円くらいです。

高くなってる！

ただ、国民健康保険って扶養家族の分も払わないといけないんです。一方で会社の健康保険は扶養家族の分の保険料を支払うことなく、保険給付が受けられる仕組みなんです。
だから**扶養家族の多いフリーランスほど法人化したときのメリットがめっちゃ大きくなるんです。**

 それはデカい！ ということは社会保険目当てで法人をつくって、役員報酬を低くして保険料を抑えれば、会社としてはたいして儲かっていなくても得をする可能性があると。

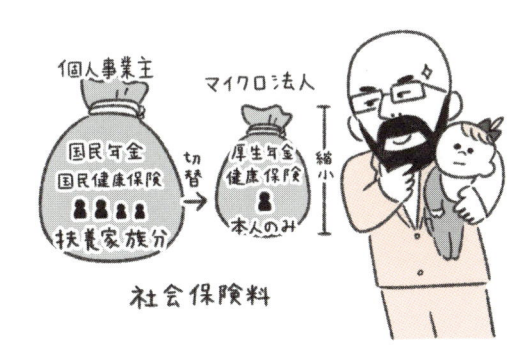

個人事業主
マイクロ法人

国民年金
国民健康保険
扶養家族分
→切替
厚生年金
健康保険
本人のみ
縮小

社会保険料

 だんだんわかってきたようですね（笑）。その通りですし、そのスキームはよく使われています。

▼ 社会保険の負担割合と計算式

健康保険	会社と従業員で折半（都道府県によって料率が異なる）	標準報酬月額（標準賞与額）× 健康保険料率
厚生年金保険	会社と従業員で折半	標準報酬月額（標準賞与額）× 厚生年金保険料率（18.30%）
労災保険	会社側の全額負担（料率は業種によって異なる）	従業員の賃金総額（給与支給額）×労働保険料率
雇用保険	会社と従業員双方の負担（業種によって料率・負担額は異なる）	従業員の賃金総額（給与支給額）×雇用保険料率
介護保険	会社と従業員で折半	標準報酬月額（標準賞与額）× 介護保険料率

株式会社と合同会社、どっちがいいの？ 法人化する意義を検討してみよう

まずコレ！超重要

- ✅ 合同会社にする理由がないなら株式会社がおすすめ
- ✅ 信用度を高めるために法人化するなら株式会社一択
- ✅ マイクロ法人と個人事業の二刀流で節税する方法もある

 ところで、法人といってもいろいろ種類がありません？

 営利法人の種類としては株式会社か合同会社がほとんどですね。合資会社と合名会社という選択肢もありますが、これを選ぶ人はほとんどいません。

 有限会社ってありませんでしたっけ？ 「中小企業＝有限会社」のイメージがあります。

 相当前の話ですね（笑）。会社法が施行されて、2006年以降、有限会社※はつくれなくなりました。

※ 最低でも資本金300万円が必要だった

 あ、だから見ないのか。

マイクロ法人をつくるならどれがいいんですか？

 節税面で考えると株式会社も合同会社も変わりはないんですが、**個人的には株式会社をおすすめします。**

 その心は？

合同会社と比べて社会的信用が高いからです。

「株式会社」には決算公告といって非上場企業でも毎年の決算内容を公にする義務※があったり、「経営と所有の分離」という原則があったりと、制度的に透明性が高いから、その分、信用力が増すんです。

※ 零細・中小企業は貸借対照表のみ

え？　非上場企業も決算をオープンにするんですか？

まあ、決算公告の掲載料に7万5000円かかるのと、一切それをしなくてもなぜか国がペナルティを科さないものだから、律儀に決算公告をしている日本の株式会社は2％弱しかないという現実はあります（笑）。

ガバガバじゃないですか（笑）。

あと株式会社という仕組みが持つ信用力以外にも、株式会社だと一人社長でも名刺に「代表取締役」と書けます。合同会社の場合、トップの肩書きは「代表社員」になります。

うーん、「社員」かぁ（笑）。

会社法で「社員」とは「出資者」のことなので、言葉は間違ってはいないですけど、世間では「従業員」のイメージが強いので、そこが少し気になる人もいるかもしれません。

それで構わないなら、設立費用が安く、株式会社ほど細かい規制の少ない合同会社で十分です。ちなみに合同会社は上場できません。

絶対しません（笑）。

設立にかかる費用の総額差は？

株式会社と合同会社で設立費用はどれくらい違うんですか？

資本金の額で変わりますけど、資本金100万円未満なら株式会社は約22万円、合同会社は約10万円。費用の差でいうと12万円くらい。ほかにかかる費用としては、法人の印鑑をつくるくらいですね。

	株式会社	合同会社
登録免許税	15万円〜[※1]	6万円〜[※1]
定款用収入印紙代	4万円	4万円
定款認証手数料	3万〜5万円[※2]	なし

※1　資本金の0.7%。ただし上記のように最低額が決まっている

※2　資本金100万未満：3万円、資本金100万以上300万未満：4万円、資本金300万以上：5万円。ほかに定款の謄本を発行する手数料がかかる

同窓会で「俺、社長やってる」とマウンティングするために12万円かぁ（笑）。

たしかに従業員を雇ったり、融資を受けたりして事業を拡大していく気がなく、**節税目的でマイクロ法人を立ち上げるなら合同会社で十分**でしょうね。

でしょうね。会社設立の手続きは誰かに頼まないと無理ですか？

ググればやり方は書いてあるので、時間に余裕があるなら個人でもできますけど、専門家に頼んでもさほど高くないですよ。

 専門家とは？

 司法書士、行政書士、公認会計士とかですね。「会社設立」で検索すればたくさん出てきます。で、こういう専門家って定款を作成するときに紙ではなく**電子定款**と呼ばれるものでつくることが多いんですけど、電子定款だと収入印紙代4万円が不要なんです。だからその浮いた4万円を、会社設立の手数料としてもらっているところが多いです。

 じゃあ、自分で必死こいてやる場合と変わらない金額で会社がつくれると。

 そう。あと、法人化したら経理事務が複雑になるので、どのみち税理士事務所と契約することになると思うんです。だから**「うちと契約してくれるなら会社設立の手数料は0円どころか、数万円ディスカウントしますよ」**という税理士事務所もあります。

 なるほど。ところで税理士事務所ってどう選べばいいんですか？

 選ぶときのポイントを載せておきますね。

▼ 税理士事務所を選ぶポイント

①レスポンスや対応の速さ（初回問い合わせや初回の面談時などにチェック）

②評判（口コミや知人からの紹介だとベスト）

③人当たりのよさ（その事務所の従業員への振る舞いや、確認できるなら自分以外への対応を見ておく）

④提供するサービス（専門性は人によってまちまち）

⑤依頼主の業界に関する知識や経験がある

⑥関与してくれるのは税理士かどうか（たまに未経験のスタッフが
担当することも。所長が見てくれるかどうかも併せてチェック）
大手だからいいというのは幻想。結局は社名に入っている名前の
所長が出てこないケースや品質がバラバラなこともある。

⑦ITに強いかどうか

⑧「値段の安さ」を一番のウリにしていない
もちろん大事だが安かろう悪かろうもあるし、自分の成長に期
すなら高くてもいい。

資本金1円でいいの？

 ちなみに資本金は1円でもいいんですよね？

 人材派遣や旅行業、建設業のように国の許認可がいる業種では最低額が
決められていることもありますが、そうでなければ1円でもOKです。た
だ、お金に余裕があるなら**最低でも100万円は資本金に充てたほうがい
い**と思います。

 安すぎるとどんな悪影響が？

 # 会社としての信用が著しく低くなります。

資本金ってゲームでたとえれば「会社のHP（ヒットポイント）」みたい
なもので、「HP1」で開業してその日にペン1本買ったら、いきなり債
務超過ですからね（笑）。

会社同士が新規に取引をするとき、相手の支払い能力を調べるために信用調査（与信調査）をすることがありますが、資本金1円だとさすがに敬遠されますよね。

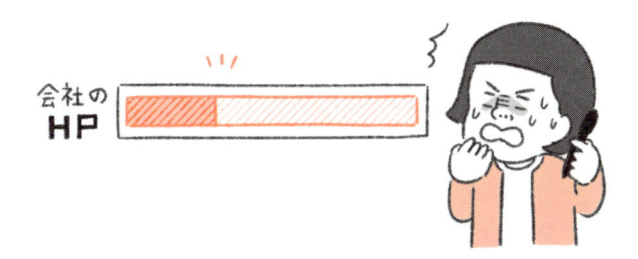

融資も受けづらい？

銀行融資にしろ、公的融資にしろ、資本金100万円以上というのがひとつの基準になっていることが多いですね。
そもそも、銀行によっては資本金が少額だと法人口座を開かせてくれないんですよ。

あぁ、そういう問題もあるんですね。

資本金って返ってくるの？

すごく初歩的な質問ですけど、資本金って返ってくるんですか？　たとえば無理して資本金300万円を投入したけど、私生活でまとまったお金が必要になる場面もあるじゃないですか。

資本金といっても要は会社の運転資金なので、自由に使っていいんです。**資本金が300万円だからといって常に口座に300万円ないといけないわけではありません。**

あ、そうなんですね！

 だからどうしてもお金が必要なら、すでに説明した役員貸付金という形をとることも、最悪の場合できます。ただし、資本金300万円を丸々回収するとか、ほかに出資者がいるときに、その出資者に返すということはできません。

 なぜですか？

 「資本金を出す」って、**「お金を貸す」行為ではなく、「お金をあげる」行為**だからです。その見返りとしてもらえるのが **「株式」**。だからほかに出資者がいてその人がお金を引き上げたいと言い出したら、その人が持っている株式を買い取る形にしないといけません。

 なるほど。

 どうしても資金を回収したいなら会社を潰すことですね。会社が廃業するときは会社の資産をまず債権者に分けて、余った分は株主で山分けするので、無借金経営で廃業するなら、出資したお金以上が返ってくる可能性はあります。

法人と個人事業の二刀流も可能

 個人事業主が法人成りするときって、それまでの個人事業主の事業ってどうなるんですか？

 個人事業主の**廃業届を税務署に提出**しないといけません。法人を設立した日でも、法人口座を開設した日でも、個人事業主として受けた最後の入金日でもいいんですけどね。
ただし、業種が違う場合は個人事業主を続けながら法人を運営しても構いません。

 同じ業種だとダメ？

それをやるとさすがに税務署も**「こいつ絶対、節税目的で怪しいお金の動きをさせるだろう」**と思いますからね。でも業種が違えばOKです。たとえばウェブ制作の仕事は個人事業主として続けながら、ライターの仕事だけ法人として行う、みたいなケースです。あと、自宅を自分の法人に貸し付ける形をとる場合、個人として不動産収入が発生するので、どのみち確定申告が必要になる場合もあります。

不動産収入以外で、わざわざ個人事業主と法人を分ける理由はなんですか？

収入の分散ができます。たとえばウェブ制作の所得が500万円で、ライターとしての所得が700万円だとしましょう。足したら1000万円を超えるので、個人事業主であろうと法人であろうと消費税の課税事業者になりますけど、個人と法人で分けていれば、両方とも免税事業者ですよね。インボイス制度で事情が変わる可能性もありますが。

なるほど！

あと先ほど国民健康保険の話をしましたけど、**法人をひとつつくってそこで社会保険料を支払う**形にすれば、国民健康保険を抜けられるので、とくに所得の多いフリーランスの人は保険料の出費をかなり抑えられます。

	マイクロ法人なし	マイクロ法人あり
個人事業主（事業）	国民健康保険 （負担が重い）	― （事業部分の負担なし）
社長（役員報酬）	―	健康保険 （最低限を負担）

社会保険の仕組みとして、会社で社会保険に入っている場合、給料以外の追加の収入について社会保険がかからない！

売上をブチ抜きたい！
「人を雇う vs. 業務委託する」を見てみよう

- 人を雇うと毎月固定で人件費を出費することになる
- 経営が苦しくても従業員を一方的に解雇できない
- 業務委託なら育成コストがかからず、社内リソースをあけられる

 法人化の話に少し通じるんですけど、フリーランスとして仕事が軌道に乗ってきたときに悩む人が多いのが「スタッフを雇うべきか」だと思うんです。せっかく認知度や評価が高まって仕事が殺到するようになったのに一人で仕事がこなせないから断るというのは、やはりもったいない。

 そうなんですよ。私も半分くらい断っています。
なじみの編集者さんからは「編プロ※を立ち上げればいいじゃないですか」って言われるんですけど、一人で気ままにできるのがフリーランスのよさなんで。

※編集プロダクションのこと。編集業務を一括で担う出版社の下請け

 たしかに、経営者になると悩みや心配事が増えますからね。

そもそも個人事業主で従業員を雇う人って、そんなにいます？

 いますよ。たとえば小さいパン屋さんなんて、スタッフを雇いつつ個人事業主としてやっていらっしゃいますよね。基本的に<u>事業の拡大と法人化を見据えたビジネスをしている人たち</u>に多いですけど。

 そっか……。よく「人を雇ってレバレッジをかけよう！」みたいなこと

を言うじゃないですか。

それは間違いないですね。時間という経営資源が買えますから。

はい。理屈はわかるんですけど、それまで自分の所得だったものから人件費を支払うわけですよね。自分の家族を養うことに必死なのに、従業員の家族も一生面倒みるのかよ、みたいな感覚になっちゃうんです。**レバレッジをかけようとしてテコに潰されるなんてシャレにならないじゃないですか（笑）。** だから人を雇うってすごい覚悟が必要だなって。

気持ちはよくわかります。私も社員第1号を迎え入れたときは腹をくくりました。いまはむしろ「もっと来て！ どんどん来て！」って感じですけど（笑）。

その自信はどこから来たんですか？

自信というか私の場合は会社を大きくしていく前提で起業したので、社員を雇うことは必須だったんです。「社員を雇うのが怖いからもう少し一人でやろうかな」みたいな感覚はまったくなかったですね。

へぇ。だから急成長できたんですね。

もちろん、最初は経営初心者ですからマネジメントで悩んだり、困難に直面したりすることもありましたよ。でも <u>「これって世の中の社長全員が通ってきた道なんだろうな」</u> と思ったら、冷静に対処できましたけどね。

動きながら考える、みたいな。

当たり前ですが、いろんな経営者の本も読んで勉強したし、経営者の先輩に助言をもらったりもしましたけど、「さっさとレバレッジをかけたい！」という気持ちが先行していましたね。

ただ、おっしゃるように従業員を雇うことって、会社にとっては「重いこと」なんです。

 そうですよね。売上が立っていなくても固定給は払わないといけないし、保険料だって一部会社が負担しないといけないわけですよね。

▼ 従業員を雇う際の注意点

①雇用リスクを理解する

労働法規や雇用契約に関する知識を持つ。雇用契約を結ぶ際に労働条件を通知する。

＜労働条件通知書に含める情報＞

- 契約期間
- 業務内容
- 勤務地
- 労働時間
- 休憩時間
- 賃金
- 休日や休暇
- 退職に関する事項
- 社会保険や雇用保険の条件

②人件費を計算する

人件費を事前に計算し、事業の財務計画に組み込む。

③税務署への届け出

初めて従業員を雇う場合、雇用開始から1か月以内に税務署に「給与支払事務所等の開設届出書」を提出する。

④税金関係の業務が増加する

源泉徴収税の管理や社会保険料の支払い、給与所得者の扶養控除等申告書の取り扱いや、源泉徴収税額表の使用など税務知識が必要。

⑤事業主の責任範囲が広がる

従業員の安全や健康を守る義務が発生し、職場環境の整備が求められる。

⑥労働保険と社会保険の手続きが必要

労災保険や雇用保険、健康保険、厚生年金保険への加入手続きは複雑。

＜労働保険の手続き＞

労働基準監督署とハローワークで手続きを行い、以下の書類を提出

- 保険関係成立届：雇用の翌日から10日以内に提出
- 概算保険料申告書：雇用の翌日から50日以内に提出
- 雇用保険適用事業所設置届：雇用の翌日から10日以内に提出
- 雇用保険被保険者資格取得届：雇用日の翌月10日までに提出

⑦就業規則の作成が必要となるケースも

従業員が10人以上になると、就業規則の作成および労働基準監督署への提出が義務付けられる。

⑧労務管理の書類準備

「法定三帳簿」と呼ばれる「労働者名簿」「賃金台帳」「出勤簿（タイムカード）」を作成しなくてはならない。

もちろん。そういう意味での「重さ」も当然ありますけど、一番重いのは余剰人材が出たときの処遇ですよね。

日本って解雇規制がとにかく厳しいから、「君、明日から来なくていいよ」がしづらい。

ですよね。

たしかにこれは経営者にとって怖いんです。

能力が低いみたいな話なら社員教育で育てればいいですけど、「事業転

換したいけれど、人材が余ってしまうから踏ん切りがつかない」なんて話は経営者仲間からもよく聞きます。

 それは怖い。

 だから、そういう不確定要素があるなら無理に社員を雇うのではなく、どんどんアウトソーシングすればいいと思います。要は**業務委託**ですね。

業務委託なら社会保険料や福利厚生も関係ないし、案件ごとに補充できるから「余剰人材」は生まれません。お金をかけて社員として大事に育ててきたのにいきなり辞めちゃった、みたいなことも起きません。よほど優秀で、絶対に手放しくないと思う人材なら社員として誘うことはたまにありますけど。

 非正規雇用ってよく話題になりますけど、正社員の解雇規制があったらやっぱりそうなりますよね。

 なります。とくにグローバルな市場で戦っているところは、そうせざるを得ないですよね。
アメリカのIT企業が元気なのも、古い仕組みを変えるときについでに古い人材もバッサリ切ることができるからです。スピード感が全然違います。だから私の会社でもコア業務は正社員に頼りますけど、外注できるところはそちらに任せています。

▼ 業務委託のトラブルを防ぐために事前に話しておきたいこと

- 契約期間
- 金銭的条件
- 契約解除の条件
- 禁止要項
- 納品物の権利
- 秘密保持
- 損害賠償

PART 8

心配がないなら
読まないでください！

ラスボス
「老後資金」問題に
立ち向かおう

- ✅ 自分を守るのは自分でしかない
- ✅ 自分の価値を高めて収入を増やす、「攻め」に力を注ぐ
- ✅ 労働所得を投資に回して「不労所得」を増やす

 話は全然変わりますけど、自分の老後を考えると、会社員であり続けるメリットは退職金かなと感じることもあるんです。新卒から大企業でずっと勤めた人が退職金で2000万円もらったみたいな話をよく聞くじゃないですか。老後資金としてはかなり大きいなと。

 大企業だとそれくらいで、中小企業だと1000万円くらいみたいです。

 それでも十分大きな額ですよね。

 そうですけど、零細企業だと退職金制度がないことも珍しくないですし、いまのご時世、定年退職まで一社に居続けるような時代ではなくなってきましたけどね。たとえば勤続10年くらいの退職金は大企業で300万円くらい、中小企業で150万円くらい。

 そこまで多いわけじゃない。

 はい。そもそも日本の退職金制度って「もらえたはずの報酬がギリギリまで人質に取られているだけ」と考えることもできますよね。たとえば外資系企業に行くと、年俸制で報酬は高めだけど退職金がないところが多いですし。

 あ、そうか！

だからフリーランスの方で「会社員の退職金がうらやましい」と思っているなら、**国民年金に上乗せできる制度**を利用する方法もありますけど、基本はやっぱり退職金の分までガンガン稼ぐことかなと思うんです。

そういうことになりますね。フリーランスになるとつい同世代の会社員の平均年収をベンチマークにしがちなんですけど、それより稼がないとダメなんだ。

睡眠時間をさらに削るしかないかぁ……。

でも身を粉にして働いて老後資金を貯めたところで、それが原因で早死にしたら本末転倒ですから、無理のない範囲でいいんじゃないですか。全盛期ほど稼げなくなったとしても、**「収入源があり続けること」が一番の安心材料**なんです。

そのためには少しずつビジネスモデルを変えたり、**不労所得の割合を増やしていく**といった工夫は必要でしょうけど。

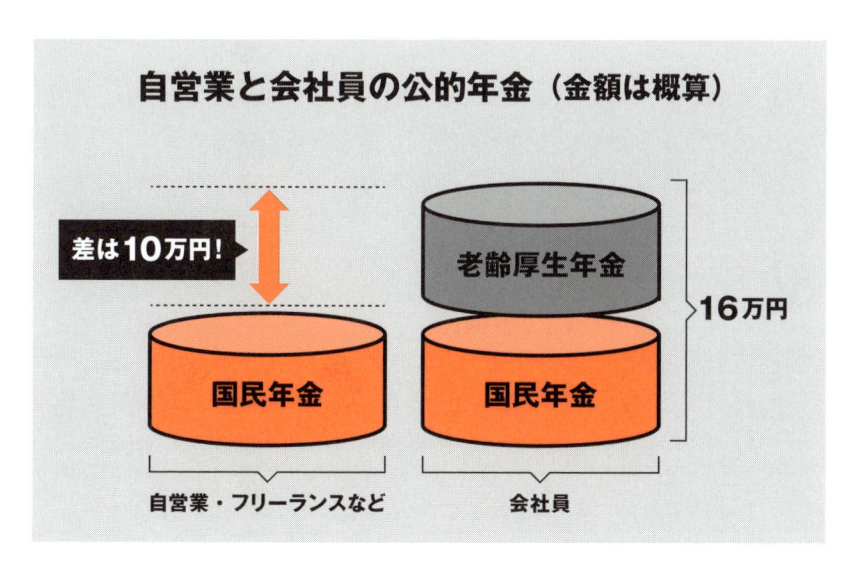

自営業と会社員の公的年金（金額は概算）

差は**10万円！**

老齢厚生年金

国民年金　　国民年金

16万円

自営業・フリーランスなど　　会社員

何歳くらいまで働けばいいんですかね。

そこは人生観によりますよね。死ぬまで働きたい人もいれば、「さっさとお金を貯めてリタイアしたい！」という人もいます。早期リタイアしたいならそれなりの攻めの経営というか、利益率の高いビジネスを戦略的にやらないといけないかもしれないし。

ちなみに会社員で65歳以降も働く人の場合、基礎年金は受給できますけど、厚生年金の一部あるいは全額が支給されないんです。それが理由で再雇用を躊躇（ちゅうちょ）する人もいますけど、個人事業主はそんなことは気にせず、基礎年金をもらいながら働き続けることができます。

じゃあ、私が考えるべきは「老後にいくら必要か」ではなく、**「自分が60歳を過ぎたあたりでどんな仕事をしたいのか、あるいはできるのか」**ということなのかもしれないですね。

その考え方のほうが現実的でいいと思います。

ぼんやりとですけど、将来的にはお金に余裕がある同世代の人を対象に、その人の自伝を書いて自費出版を手伝う仕事でもやろうかなとは思っています。

それ、めっちゃいいですね！　いまなさっている仕事がすべて実績として残るから単価も上げられるし、富裕層ほど自分の生きざまを後世に残したい人は多いはずですから需要は絶対にあると思います。

そうなんですよ。

そもそも富裕層ビジネスは単価が高いのでおすすめです。たとえば飲食業をするにしても大衆向けでやるのか、富裕層やインバウンド向けでやるのかで、同じ労力でも単価が全然違ってきますからね。

年金って自分で増やせんの!?
牛丼1杯分で上乗せする方法を
覚えよう

- 付加年金なら手軽な掛金で年金を上乗せできる
- 国民年金基金の掛金は全額控除になるので節税効果あり
- 付加年金の加入者は国民年金基金に加入できない

 先ほど国民年金に上乗せできる制度があるとおっしゃっていましたよね？

 けっこう種類はあるんです。

- 国民年金の付加年金
- 国民年金基金
- 民間の個人年金
- 小規模企業共済
- iDeCo（イデコ）

まず、あまり知られていないですけど「付加年金」という制度があって、国民年金保険料を払うときに毎月400円を上乗せできるんです。これをすると、老後に毎年受け取る年金に「200円×納付した月数」がプラスされます。

 400円って牛丼1杯分じゃないですか。私でも払える（笑）。

 安いんです。たとえば40歳から60歳まで付加年金を支払ったら「200円×12か月×20年」で、毎年4万8000円多く年金がもらえます。

 ちょっと待ってください……。追加で支払う保険料は「400円×12か月

×20年」だから……9万6000円。ということは……。

 年金を2年受給したら元が取れるんです。 だからめちゃくちゃお得。
20代、30代の人で国民年金をしっかり支払っている人は、早めに申請したほうがいいかもしれないです。

 ほぉ〜〜！

 ただし、この付加年金はこのあと説明する国民年金基金との併用はできません。でもiDeCoとの併用はできます。この点だけ注意してください。

自営業者のための厚生年金「国民年金基金」

 「国民年金基金」とは、「会社員には厚生年金があるのに自営業者にはない！」という不満にこたえる形で1991年からスタートした、文字通り、国民年金に上乗せする目的でつくられた制度です。第1号被保険者※なら誰でも加入できます。

※20歳から60歳未満の自営業者、農業者、学生、無職の人など

 たまに勧誘の封書が届いている気がしますけど、読んだことがない（笑）。

 一度読んでみたらいかがですか。国民年金基金は「**全国国民年金基金**」と「**職能型国民年金基金※**」の2種類に分かれていますけど、制度自体はまったく一緒です。

※職能型には歯科医師、司法書士、弁護士の3種がある

 毎月いくら払うんですか？

 月6万8000円を上限として自分で決めるんです。

ああ、自分で決めるのか。なるほど。

受給条件などいろいろ選べるので制度が少し複雑になっていますけど、加入後にある程度掛金を変えることも可能です。公式ウェブサイトでいろんなシミュレーションもできます。

メリットとしては老後の足しになるのはもちろんですけど、**毎年支払う掛金が全額、その年の所得控除の対象になる**こと。たとえば、課税所得が約400万円で掛金として年間30万円払っていたら、所得税・住民税あわせて約9万円節約できます。

国民年金基金の特長

その1	生涯受け取ることができる終身年金
その2	将来の給付額が決まっている確定給付型
その3	ライフプランに合わせて自由に組み合わせできる
その4	税制上のメリットが大きい

でかい！

はい。生命保険会社とか民間が用意している個人年金もたくさんあるんですけど、民間の個人年金保険料で所得控除できる金額は上限が4万円と決まっているんです。

じゃあ、掛金が多い人は国民年金基金が得？

そう。あるいはiDeCoですね。

資金ロックに抵抗がないなら、iDeCoを使ってみよう

- ✓ iDeCoは毎月の積立金額を自身で決め、運用する制度
- ✓ 掛金が全額所得控除＋運用益が非課税
- ✓ 60歳までの引き出し制限がある

iDeCoって最近よく聞きますけど、こいつは何者ですか？

会社員でも加入できるんですが、位置づけ的には国民年金基金と並列の関係と考えるとわかりやすいでしょう。国民年金に上乗せできる制度のひとつになります。

限度額

月6.8万円
（年81.6万円）

※国民年金基金または
国民年金付加保険料との合算枠

- ✓ **下限5000円**から投資可能
- ✓ **＋1000円きざみ**で設定できる

掛金は	運用時	給付時
全額所得控除の対象	運用益が**非課税**	**税制優遇**あり

国民年金基金との併用が可能で、国民年金基金とiDeCoの掛金を足した上限が6万8000円なんです。だから、すでに国民年金基金で毎月上限まで掛金を払っている人はiDeCoが使えないのでご注意を。

 なにがどう違うんですか？

 そもそもiDeCoは日本語で「個人型確定拠出年金※」と呼ばれるもので、アメリカでいう「401k」の個人版。毎月、自分で決めた掛金を払いながら資産形成をしていき、原則60歳以降に老齢年金、あるいは退職金（一時金）として受け取れる自分専用の年金です。

※ Individual-type Defined Contribution pension plan

 あ、投資をするわけですね。国民年金基金は長生きすれば元が取れる制度で、こっちは攻めの制度。

 そのイメージでいいと思います。投資信託などで運用すれば元金割れの可能性はあります。
ただ、運用方法のひとつとして定期預金に入れる選択肢もあるので、いくらでもリスクは抑えられますけどね。で、iDeCoが話題になっているのは税制上の優遇が受けられるからなんです。

 どんな優遇があるんですか？

 国民年金基金同様、掛金が全額、所得控除の対象になることに加え、**運用で得た利益に対して所得税と住民税がかからないんです。**

 おお、優しい。でも企業でも似たようなことしてません？

 企業型確定拠出年金（企業型DC）ですね。企業型DCは掛金を企業が支払いますけど、やはりその運用益は非課税です。なので、iDeCoはこの企業型DCの仕組みを個人にも広げたものと考えてもらえればいいと思います。

 なるほど。じゃあ小山先生もバリバリやられているんですね？

 実はやっていないんです（笑）。

 どないやねん（笑）！　それは……儲からないから？

 いや、一番のネックは**60歳まで自分のお金をロックしないといけない**こと。まあ、年金制度なので当たり前ですけど。

 ああ、急に現金が必要になったときでも引き落とせないとか。

 そう。10年先、20年先、30年先の話なんてわからないじゃないですか。だとすれば、投資をするにしてもいざというときに現金化しやすい投資先がいいと思っているんです。よほどお金が余っていたらやる価値はあると思いますけど。

 ちなみに、国民年金基金やiDeCoに加入したあとに海外移住することになったら、それまでの掛金はドブに捨てるんですか？

 いや、実は海外に住む日本人でも日本の国民年金を任意で支払う仕組みがあって、その手続きをしたうえで再度申し込めば、運用は継続できるし、受け取る資格もあるそうです。

 へぇ！　いい情報を聞けました。

ちょっと面倒くさいけど……
節税しながら退職金が
準備できる小規模企業共済の話

まず
コレ！
超重要

- ✅ 解約理由によって4つの受け取り方法がある
- ✅ 毎年節税になる＋受け取り時の税金優遇がある
- ✅ 元本保証に必要な積立期間に気をつける

あと、自分のために退職金を積み立てたいということなら、中小企業基盤整備機構（中小機構）がやっている**小規模企業共済**という仕組みもあります。「企業」と書いていますけど個人事業主も加入できます。

どんな仕組みなんですか？

最大月7万円までの掛金を払い続けて、退職や廃業をしたときに一括か分割、またはその併用で共済金が受け取れるというもの。

▼ 小規模企業共済は、解約理由によって4つの受け取り方法がある

共済金A：個人事業主が廃業したときや、共済契約者が亡くなった場合に受け取れるお金。すべての事業を廃業していることが条件。

共済金B：年齢が65歳以上で180か月以上掛金を払い込んだ場合に受け取れるお金。老齢給付ともいう。

準共済金：個人事業を法人成りして加入資格がなくなった場合に受け取れるお金。

解約手当金：任意で解約した場合に戻ってくるお金。掛金を12か月以上滞納した場合も機構解約として解約手当金となる。

1%に満たないですが、運用実績に応じてわずかながら利息がつきます。

ただの定期預金じゃないですか。

毎年の掛金を所得から控除できる点が定期預金とは違うところです※。あと、一括受け取りだと退職所得扱いで、分割受け取りだと公的年金等の雑所得と同じ扱いとなり、税制上の優遇があります。

※ 経費にはならないが、課税対象となる所得からは控除できる

でも、これも自分のお金をロックすることになるんですよね？

20年未満で解約すると元本割れしますけど、たとえば加入途中に会社員になったりして加入条件から外れると、掛金は返してくれます。

あとこの制度のユニークな点は、自分の掛金の範囲内なら超低金利でお金を貸してくれること※。次章でフリーランス向けのローンを取り上げますけど、小規模企業共済もローンの選択肢としてあるんです。

※ 最寄りの商工組合中央金庫（商工中金）で申し込む

▼ 受け取り方によって変わる課税方法

①一括受け取り　→　退職所得扱い

②分割受け取り　→　公的年金等の雑所得扱い

③一括受け取りと分割受け取りの併用　→　（一括分）退職所得扱い／（分割分）公的年金等の雑所得扱い

④65歳未満で任意解約、または65歳未満の共同経営者が任意退任をする場合　→　一時所得扱い

⑤掛金を12か月以上滞納した場合（機構解約）　→　一時所得扱い

※ 「分割受け取り」または「一括受け取りと分割受け取りの併用」を希望する場合は、一定条件を満たす必要がある

取引先倒産時に無利子で貸付！ 経営セーフティ共済

老後の話からは一瞬外れますけど、中小機構では小規模企業共済以外に**「経営セーフティ共済」**という制度も用意しています。
こちらは取引先が倒産して売掛金の回収ができなくなったときに無利子でお金（共済金）を貸してくれる※制度です。連鎖倒産ってよくあることですからね。

※ ただし、共済金の貸付を受けると、貸付額の10分の1に相当する掛金の権利は消滅する

**そんなのもあるんですね！** たしかに1社のクライアントのみに頼っているとそういうリスクもありそう。でも掛金が高いんですよね、きっと？

掛金は月5000円〜20万円の範囲で、最大800万円まで積み立てられます。
で、掛金は会社なら損金、個人事業主なら経費扱いにできるので、法人税だろうと所得税だろうと節税効果は期待できます。

取引先が倒産しなかったら掛金はどうなるんですか？

40か月以上掛金を納付していたら**「解約手当金」**という名目で全額返してもらうこともできます。ただし、この「解約手当金」は利益として扱われるので注意してください。

ん？ よくわからなくなってきました。

賢い使い方としては、会社が儲かっている年は掛金を多めに払って利益を圧縮して、逆に赤字が出ているようなときに解約するなんて使い方もあります。
で、こちらも加入者に対する一時貸付制度があって、解約手当金の95％を上限に、**無担保・無保証人・低金利**でお金を貸してくれます。

脱サラしたら厚生年金を受け取る権利を失う？

 年金といえば、私が会社員時代に払った厚生年金保険料ってどうなっているんですか？　全部チャラ？

 いやいや、全部チャラなんていうルールなら大企業の早期退職制度とか誰も応募しないじゃないですか。会社員時代に厚生年金を払った人は、その分を老後にもらえます。
個人事業主になったからといって、老後に受給する年金まで国民年金一本になるわけではありません。

 ということは、私が厚生年金を払った記録も国に残っている？

 残っています。安心してください。

 ## 今日イチ、いいこと聞いたかも！

 （笑）。ただし、受給条件として「国民年金の加入期間と合わせて10年以上払った人」というものがあるんです。

 国民年金の加入期間と合算でいいんですね。

 はい。ですので、たとえば新卒入社から9年目でフリーランスになったような人も、その後に国民年金保険料を1年以上支払えば、受給資格は満たされることになりますね。

民間の医療保険に毎月何万も払う必要ある？めっちゃ手厚い公的医療保険

- ✅ 国が用意してくれている保障をよく理解しよう
- ✅ 病気に対する備えは「公的医療保険と貯蓄」が基本
- ✅ 貯蓄が少ないのであれば、「就業不能保険」を検討

 保険についても質問していいですか？

個人的には病気やケガの備えは国民健康保険で十分だと思っていて、仕事を頑張ってお金を残せば生命保険に関しては必要ないだろうという考えなんですね。

 私も同じ考え方です。それでまったく問題ないと思います。

民間の医療保険が必須ではない理由

- 日本は、公的医療保険（健康保険・国民健康保険）が充実している
- 自己負担額は原則3割、さらに高額な場合は高額療養費制度を使えば後で医療費が戻ってくる
- 病気やケガへの備えとしては、貯金で自己負担分をまかなう

※公的医療保険の対象外となる費用（例）

自費診療、先進医療、治療以外の医療行為（美容医療やレーシックなど）、発毛薬など保険対象外の医薬品、病院の個室代（差額ベッド代）など

 ただ、一人親方なので、病気やケガで長期間働けなくなったときに収入

が途絶えるのがどうしても心配なんです。1年分の生活費を貯金していたとしても。

 それなら個人事業主にピッタリの「就業不能保険」というものがありますよ。だいたいどの保険会社もネット上で一瞬で見積もりができるので、いまやってみたらどうですか？

 そんなのがあるんですか？　昔、出口治明さんの本のお手伝いをしたことがあるので、出口さんが創業したライフネット生命を調べてみます。

えっと……保険期間65歳まで、就業不能になって60日以降に月15万円支給、14日以上の入院で見舞金が10万円という契約だと、月々5418円ですね。

 65歳になるまで保険料をいくら支払うのかも試算しておけばいいんじゃないですか。

 えっと……110万円ちょっとですね。

うーん、安心料として安いのかわからない（笑）。

 保険会社も赤字になるわけにはいかないので、必ず「微妙」なラインになるんです（笑）。

 でもこういう保険があることがわかったので、少し考えてみます。

子どもに事業継承したいときは どうすればいい？ 家族を泣かせない相続

- ✅ 個人事業主の事業承継には廃業手続きが必要
- ✅ 事業承継税制を利用すれば、相続税や贈与税の負担を軽減できる
- ✅ 相続税には「基礎控除」という考え方がある

 そういえば事業を子どもに継承したいときはどうすればいいんですか？ 町のラーメン屋さんの代替わりとかよくある話じゃないですか。

 法人なら後継者に株式を譲渡して経営者が代われば会社を丸ごと譲ることができます。

一方、**個人事業はその資産や経営権は事業主個人のもの**という特性があります。だから子どもに事業を継承したい場合、親は廃業届を出して、子どもが新たに開業届を出すんです。

親
- 個人事業の開業・廃業等届出書
- 所得税の青色申告の取りやめ届出書（青色申告をしていた場合）
- 事業廃止届出書（消費税の課税事業者だった場合）

子
- 個人事業の開業・廃業等届出書
- 所得税の青色申告承認申請書
- 青色事業専従者給与に関する届出書
- 所得税の棚卸資産の評価方法・減価償却資産の償却方法の届出書

 へぇ。屋号はどうなるんですか？

継承者が同じ屋号で届出を出せばいいだけです。

 店舗とか事業用口座のお金は？

 それは別途、譲渡の手続きをしないといけません。

 ということは贈与税がかかる？

 かかります。でも事業承継時の贈与税（や相続税）が高すぎて、なかなか子どもに事業を譲れないとか、先代が亡くなって廃業せざるを得ないみたいな事例が全国で多発したんです。
そこでようやく国も重い腰を上げて、現在では後継者が事業を続けることを条件に、贈与税の支払いを先延ばししたり、免除したりする、「事業承継税制」という制度を中小企業庁が中心となって導入しています。法人の事業承継と個人の事業承継の2パターンがあります。

ちなみに「事業承継税制」で優遇を受けられる対象に現金は含まれていません。
対象となるのは宅地、建物、機械、特定の車両、果樹や乳牛などの生き物といった固定資産、あるいは特許権などの無形固定資産です。

 ## 手続きが大変そう……。

 細かい手続きは中小企業庁のサイトなどを見ていただければと思いますが、ご想像の通り、手続きは大変です（笑）。「個人事業承継計画」と呼ばれる事業計画書を書いて都道府県に認定してもらわなければならないとか、いろいろあります。

 たとえば、私が死んだら個人事業主としての資産はどうなるんですか？娘に事業承継するつもりはないんですけど。

まずは相続人が、亡くなった事業主の代わりにその年の確定申告をしないといけません。さらに、先ほど挙げた個人事業の廃業届出などの手続きも相続人が代理で行わないといけません。

そこから先は、事業資産を評価して、相続するかしないかを相続人が決めます。仕入れの多い事業だと資産より債務のほうが多かったりするので、相続を放棄するケースもあるんですよ。

ああ、個人事業主の借金が自動的に相続人に引き継がれるわけじゃないんですね。相続税がかからない上限っていくらでしたっけ？

相続税の基礎控除は「**3000万円＋（600万円×相続人の数）**」です。たとえば相続人が2人なら、4200万円までは非課税。

けっこうあるんですね。

クリエイターの著作権や印税は子どもに引き継げる？

あと細かいことなんですけど、印税って子どもに引き継げるものなんですか？　どの出版社との契約書を見てもそのことが書いてなくて。

著作権は著作者の没後70年有効※なので、相続はできます。たとえば「アンパンマン」を創作したやなせたかしさんは2013年に亡くなりましたけど、その著作権はいま日本テレビやフレーベル館、やなせスタジオなど、いくつかの会社で保有しています。

※ 還太平洋パートナーシップ協定（TPP協定）に基づき、2018年12月30日から著作権の保護期間が従来の「没後50年」から「没後70年」に変更された

じゃあ、2083年になったら偽アンパンマンが大量に出回る可能性があると（笑）。

「**商標登録**」で守られている部分は侵害できないですけどね。

あ、そうか。

ただし、著作権を引き継ぐときも相続税が発生するんです。その計算方法が少し特殊なので、「わりに合わないから相続しない」と判断する人もいるかもしれません。

どんな計算方法ですか？

まず**印税収入の年平均を算出**しますが、そのとき根拠とするのが著作者が亡くなる前の直近3年間の印税収入なんですね。

さらに、印税を支払う側（出版社）に相談して、印税が今後何年間支払われるか予想してもらいます。
たとえば亡くなる直前まで仕事を続けていて、年平均の印税収入が300万円だったとしましょう。さらに、印税を支払う側は「今度10年は支払いが続くだろう」と言っているとします。するとこんな計算式で相続税の評価額が決まるんです。

> 年平均印税収入額 × 0.5 × 収入期間（年）
> 300万円 　　× 0.5 × 　　10年　　 ＝ 　1500万円

ボッタくる気満々の式じゃないですか！
アンパンマンと違って実用書やビジネス書が売れるのは最初の1年くらいだけなので、300万円が10年続くわけがありません。もしこれで相続税の基礎控除額を超えたら家族に借金を背負わせるだけですよ。

だから「わりに合わない」と判断する人が多いんです。

マジかぁ……。でも疑問が晴れてよかったです。

PART 9

「ローンが
組みづらい問題」を
攻略しよう

健康であることが大前提！
住宅ローン審査を
攻略するために必要なこと

- ✓ 売上から経費を差し引いた所得の数字が問われる
- ✓ ローン審査が通りやすい返済比率の目安は20 〜 25%
- ✓ 団体信用生命保険の加入が義務づけられている

 ローンの話もしておきましょう。

 ぜひぜひ。人生でまとまったお金が必要になるのって、家とか、教育費とか、車じゃないですか。このあたりのローンってやっぱりフリーランスだと無理ですか？

 いやいや。**毎年安定して稼げるようになれば決して無理ではないですよ。**

 ホントですか!?

 まずは住宅ローンについて説明しましょうか。

こちらは銀行が相手ですから、ハードルは高いです。
でも結局、彼らが審査するのは「安定した収入があってちゃんと返済できるか」なので、それを数字で示すことができれば、審査を通ることもできます。

一例ですけど、三井住友銀行のウェブサイトに個人事業主が住宅ローンを借りるコツが紹介されています。同行での審査のポイントは以下の5点だそうです。

①3期連続で黒字かどうか
②自己資金（頭金）をどれだけ用意できるか
③税金や保険料の未納はないか
④健康状態に問題はないか
⑤個人信用情報に問題はないか

一番のポイントはやはり所得です。

会社員は、倒産間際の会社で勤めていようと毎月収入があるだけで「返済能力がある」とみなされるんですが、個人事業主は違います。毎年安定して黒字を出しているかどうかが超重要。それが「安定収入」の証ですから。

じゃあ、駆け出しのフリーランスだと無理ですね。

厳しいと思います。その所得も金融機関によって判断基準は違って、三井住友銀行の場合は3年間の平均を見るようですけど、一番所得が低かった年を基準にする銀行や、直近3年で1度でも赤字を出していたらアウトみたいな銀行もあるそうです。

どれくらいの所得が必要なんですか？

それが②の「自己資金」に関わってくるんです。

家を買うときって、頭金として一部を現金で払って、残りを住宅ローンで借りますよね。このとき銀行がチェックするのは、「年収に対して年間返済額が何割になるのか」なんです。

これを「返済比率」といいますけど、一般的には**20 ～ 25％が目安**。この数字が低ければ低いほど、返済にゆとりがあると判断されて審査が通りやすい。

ああ、では所得が低いと比率が高くなるから、その比率を下げるためにはもっと稼ぐか、頭金を増やせばいいと。

そういうことです。

③の「税金・保険料未納」と⑤の「個人信用情報」は似たような審査ですね。要は金貸しの世界には**「お金にだらしない人には貸さない」**という原理原則があるということ。

国民年金や健康保険の社会保険料を払っていないとか、ローンやクレジットカードの支払いが遅れて個人信用情報にキズが入っているような人は審査に落ちます（個人信用情報については後述）。

 社会保険料の支払い忘れはたまにある……。

 未納分をなくせばいいので、あとでちゃんと払っていれば大丈夫です。

 でも支払いが遅れたら個人信用情報が傷つくんですよね？

 社会保険料や税金のような公共機関が持っている情報って、個人信用情報を管理する団体には提供されないんです。

 あ、だから「税金・保険料未納」と「個人信用情報」が分かれているんですね。で、銀行側は両方をチェックしにいくと。

 そうです。あと盲点となりやすいのが健康状態なんですよね。

 健康と収入……。まあ、無関係とは言いませんけど、**銀行が健康診断でもするんですか？**

 違います（笑）。住宅ローンを組むときって、お金を借りた人が亡くなったり、高度障害状態になったときに、ローンがチャラになる**団体信用生命保険（団信）**というものに加入しないといけないことがほとんどなんです。

 生命保険？

 そう。保険金の受取人が銀行となっている生命保険のこと。
だから住宅ローン申請時は別の生命保険会社の審査も受けることになるんです。

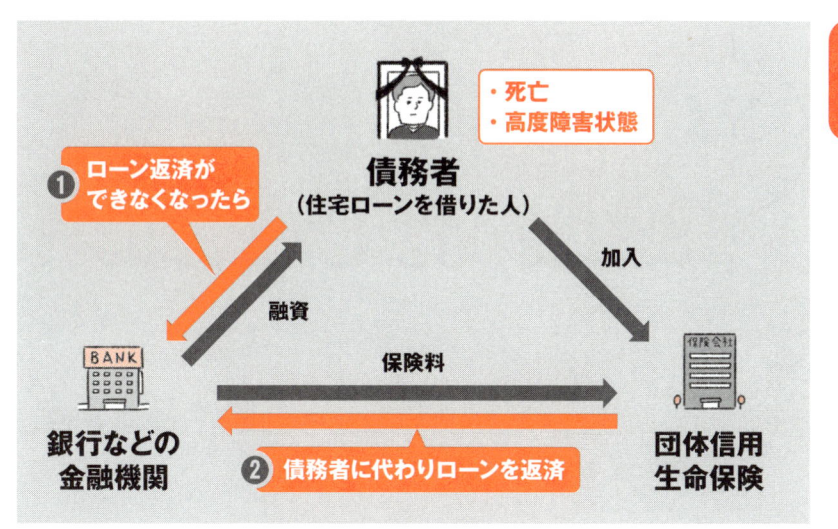

 ## マジかぁ。私、2型糖尿病でございます。

 あらら。よほど血糖値をコントロールできているなら別ですが、普通の団信は通りづらいですね。契約時に疾病を抱えている人向けにはワイド団信という保険もありますが、保険料はだいぶ高くなってしまいます。

 くそ〜〜〜。

 少し裏ワザ的な方法としては、住宅ローンを断られたらその金融機関がどの保険会社を使っているか調べて、**別の保険会社を使っている金融機関に住宅ローン申請する**という方法もあります。銀行は違っても同じ保険会社に審査されたら、結果は同じですからね。

金利のことが全然わからない！ カーローンや教育ローン、 どれを選べばいいの？

まず コレ！ 超重要

- ✅ カーローンの種類は、大きく分けて3つある
- ✅ 金利が安いほど審査が厳しい
- ✅ 教育費が足りないときは「国の教育ローン」

 車のローンなら私でもいけそうな気がするんですけど、どうですかね。

 どこから借りるかによってだいぶ差があります。**金利が安いほど 審査が厳しいと思ってください。**

一番金利が安くて審査が厳しいのは**金融機関系のマイカーローン**。住宅 ローンのときのようにきっちり所得や個人信用情報が見られます。手続 きにも時間がかかります。

次は**ディーラー系のローン。**こちらは金融機関系ローンより金利が2倍 くらい高くなりますけど、数時間で審査が終わるくらいなので、判断基 準は金融機関より少し緩めの印象です。とはいえ信販会社※を介すので、 他社でいろいろ借り入れをしていたり、個人信用情報にキズがついてい ると難しいです。

※ 日本の大手信販会社はジャックス、オリエントコーポレーション、セディナ、アプラスなど。 消費者の商品代金を建て替える「販売信用」を生業とする

一番審査が甘いのは信販会社を介さない、**中古車販売会社が独自で用意 しているローン。**金利ゼロをうたっていますが、実質的には割高な分割 払いをする形になります。

あ、私がだいぶ昔に衝動買いで中古車を買ったのはそれだ。審査はほとんどなくて、むしろ数時間のうちに駐車場を契約して車庫証明を取るほうが大変でした（笑）。

審査がほとんどないのは販売会社側がしっかりリスクヘッジしているからです。分割払いを完済するまで車は自分のものにならないとか、保証人を求めるとか、2年間など短期間で払いきるといった条件がついてくるのが特徴です。

ちなみにマイカーとして買ったものを仕事で使ってもいいんですよね？

100％仕事用の車だとしたらマイカーではなく事業用の車という扱いになるので、**日本公庫（日本政策金融公庫）** から低金利で融資を受けられるケースもあります。
プライベートと仕事で兼用するなら先ほど解説したようなところでマイカーローンを組んで、**購入費やら維持費やらを家事按分**すればOKです。ただ、どれくらいの割合を仕事で使っているかは税務調査があったときに証明しづらいので、なにかしらの記録を取っておくといいでしょう。

たしかに、駐車券や高速料金の履歴もないのに「8割仕事です」と言っても、信じてもらえなそう。

それもありますし、近場だけの利用だけだとしても、たとえば1か月でも車を使うたびに走行距離をメモして仕事で使った割合を計算しておけば、説得材料になりますよね。

教育ローンなら「国の教育ローン」を

教育ローンはどうですか？　うちの娘はいま小学生で、教育費がかさむことが目に見えているんです。

教育ローンも日本公庫がおすすめです。

教育ローンまでやっているんですか!?

というか、いわゆる「国の教育ローン」って日本公庫の教育ローンのことなんです。最初に申し込むならここでしょうね。条件次第ですけど、金利は年約2 〜 2.4％で、最大450万円まで借りられます。

小中学生は対象外なので中学受験の塾代などには使えませんけど、高校、高等専門学校（高専）、大学、大学院、予備校、専門学校以外にも、海外の学校も対象です。入学金、授業料、在学のための引っ越し代、パソコン代、修学旅行費など用途は広いです。

でも年収はしっかり見られるんですよね？

見ますけど、**銀行とは真逆**。むしろ世帯年収が高いと借りられないんです。

ああ、なるほど。困っている人を助ける制度なんですね。

はい。たとえば子どもが1人だと世帯年収の上限は790万円。2人だと890万円。ただし、開業したばかりとか、引っ越ししたばかりとか、他社の借り入れが多いとか、海外留学目的とか、親族を介護しているといった条件※にひとつでも当てはまると、上限が990万円まで上がります。

※ 詳しくは日本政策金融公庫のサイトで
https://www.jfc.go.jp/n/finance/ippan/sim.html

世帯収入だと超えちゃうなぁ……。

その場合、民間の教育ローンにもいろいろ種類があります。メガバンクは借入限度額が少ないのが特徴で、多くて500万円くらい。それ以上借りたいなら地方銀行や信用金庫、ろうきん、JAバンクなどの中小規模の金融機関がいいですね。あと、学校と提携している教育ローンがある場合も。

へぇ。

教育ローンを選ぶときに知っておきたいのが、教育ローンには「証書貸付型」と「カード型」の2種類があること。証書貸付型は「一括で大きな額をドカンと借りるタイプ」、カード型は「上限の範囲内で、必要に応じて借りられるタイプ」。

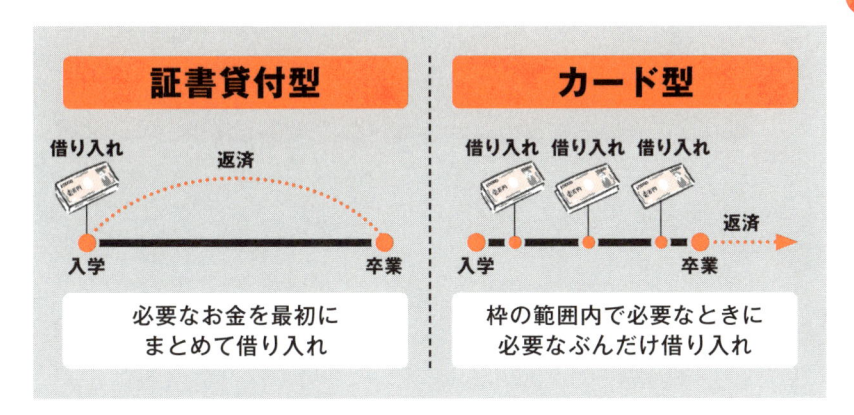

証書貸付型	カード型
借り入れ → 返済（入学〜卒業）	借り入れ 借り入れ 借り入れ → 返済（入学〜卒業）
必要なお金を最初にまとめて借り入れ	枠の範囲内で必要なときに必要なぶんだけ借り入れ

カード型って、その都度引き出すみたいな感覚?

そうですね。日本公庫の教育ローンやメガバンクの教育ローンは一発ドカンの証書貸付型です。それ以外の地銀などの教育ローンはどちらかを選べたりします。証書貸付型のほうが借入上限が多めで、金利も少し有利です。

なるほど。勉強になりました!

売掛金の振込日まで待っていられない！資金繰りが厳しいときの対処法

- ✅ 利用しやすいのは「セーフティネット貸付」
- ✅ 消費者金融からの借り入れはやっちゃダメ
- ✅ 売掛金を売却してお金を得るサービスもある

「運転資金が心もとないぞ！」となったときは、どんな手がありますか？

明らかに売上や利益が低下しているなら、日本公庫の**「経営環境変化対応資金（セーフティネット貸付）」**という融資制度を使う手もあります。個人事業主も申請可能で、「国民生活事業」という枠組みなら最大4800万円の融資を受けられます。

これ以外にも「事業ローン」とか「ビジネスローン」と言われているものはたくさんあります。まさに運転資金として貸し出すものなので、用途は自由。

審査は厳しめ？

銀行がやっているような一般的な融資（プロパー融資）だと返済能力などしっかり見られますけど、事業ローンになると保証会社を挟むことが多いので、審査は多少緩くなります。

個人事業主向けの事業ローンをネットで検索すると、各社が用意しているサービスを一覧にしているページなどがよくあります。そのとき注意していただきたいのは、その一覧に<u>消費者金融がシレッと交じっている</u>こと。

そのページ自体、消費者金融がライターに書かせてそう（笑）。

その可能性はあります（笑）。

現在、出資法が定める上限金利は、10万円未満は20％、10万〜100万円は18％、100万円以上は15％です。消費者金融は基本的に上限の金利を要求してきますから、そこは気をつけてください。

「2者間ファクタリング」には注意を

資金繰りに困った事業者向けにファクタリングみたいなサービスってありませんでしたっけ？

あぁ、ファクタリングはローンとは違って、<u>売掛金を現金化してくれるサービス</u>※です。

※「買取型」ファクタリングのこと。これとは別に売掛先が倒産した場合に売掛金の一部をファクタリング会社が保証する「保証型」ファクタリングもあるが本書では割愛する

	ファクタリング	融資
入金スピード	最短10分	1〜2か月
担保	原則不要	必要
保証人	原則不要	必要
債務超過	可能	不可
信用情報	影響なし	影響あり

売掛金とは「取引先から支払われる予定のお金」のことですね。たとえば郷さんが原稿を書いて50万円の請求書を立てたら売掛金50万円として帳簿上には計上されますけど、実際に口座に50万円が入ってくるのは2か月先だと。でも「いますぐ現金がほしい！　2か月も待てない！」みたいなときに、ファクタリング会社に売掛債権（売掛金をもらう権利≒請求書）を売って、現金を早めにゲットするという仕組みがあるんです。

 面白い。でも、いろいろ審査されるんじゃないですか？

 いや、ファクタリング会社からすれば郷さんの経営状況はどうでもよくて、**売掛先がちゃんとお金を支払うかどうかが大事。** だから基本的に売掛先が**法人じゃないとファクタリングは使えません。** 売掛先の法人の調査をすることもあります。

 なるほど。相手が大企業だったら安心できるみたいな話。

 そうです。それでファクタリングには2者間ファクタリングと3者間ファクタリングの2種類あります。それぞれの仕組みを図解しておきますけど、フリーランスが使うなら2者間ファクタリングかな。

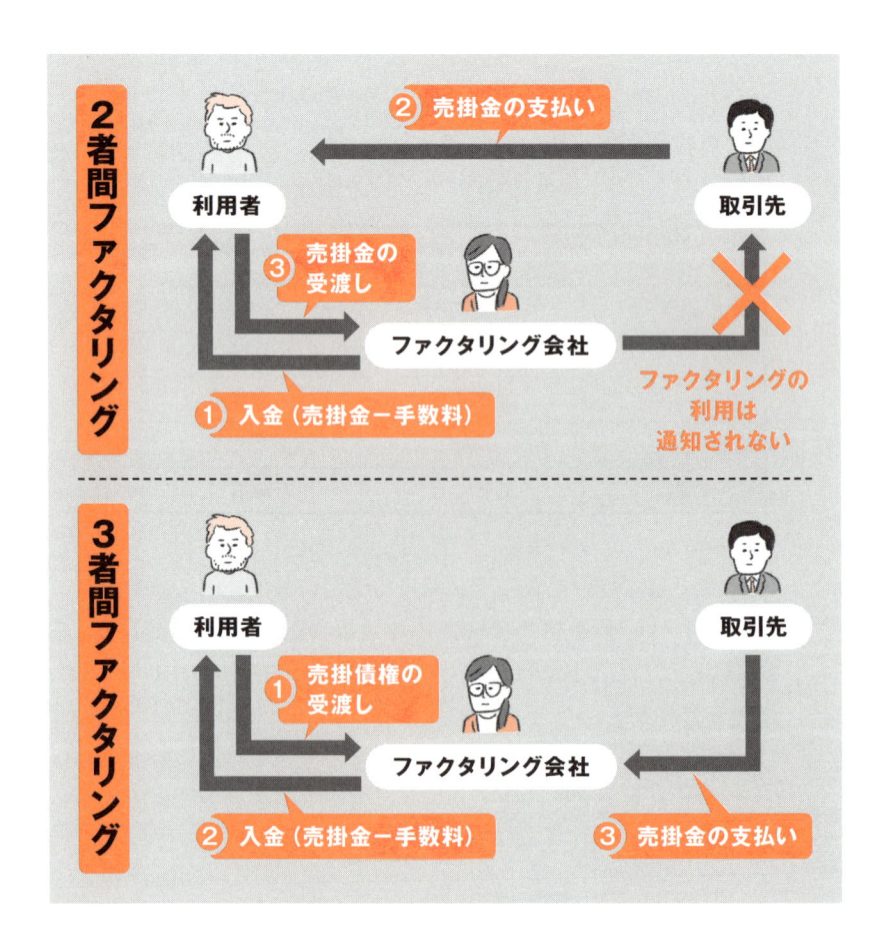

えっと……2者間だとファクタリング会社に請求書を買ってもらって現金を入金してもらい、実際に売掛金が入金されたらファクタリング会社に払う、ということか。

そう。この仕組みなら請求書を売ったことが売掛先にバレないのがメリット。審査も早いことが多く、オンラインで完結できるサービスがほとんどなので、現金が不足しがちなフリーランスはつい使いたくなるんです。

というか、いますぐ使いたい。

ここで注意してほしいのが**手数料**。これがものすごく高くて、10%前後とられます。

### げっ！　10%はありえない。

だいぶマネーリテラシーが身についてきましたね（笑）。

法人同士の3者間ファクタリングになると審査などもしっかりしているから手数料1％とかもあるんですけど、2者間だとリスクが高いので手数料も高くなるんです。審査が甘いことを逆手にとって架空の請求書を現金化しようとするフリーランスもいるかもしれないし。

たしかに。

あと気をつけたいのが、ファクタリングを提供している会社なのに無資格のところが多く交じっていること。
2者間ファクタリングって見方を変えれば「手数料」という名目でお金を貸しているだけであって、貸金業として登録していない会社が多いんです。なかには年率に換算すると100％を超えるような**悪質な業者も交じっている**ので、そこだけは本当に注意してください。

利用記録が丸はだか！
ローン審査に使われる
信用情報のキホンを覚えよう

まずコレ！超重要

- ✅ 補助金や助成金は「知っている者勝ち」
- ✅ 個人の信用情報は信用情報機関で管理されている
- ✅ すべてのローン会社が、個人の信用情報を確認できる

 フリーランス向けの補助金みたいなものって、どんなものがあります？

 探すとけっこうあるんですよ。たとえばこんな感じです。

- **IT導入補助金（独立行政法人中小企業基盤整備機構。最大450万円）**
  業務効率アップにつながるITツールの導入にあたって国から補助金を受けられる取り組み。個人事業主でも可。導入できるツールは国が認可したもののみで、導入支援を行う民間企業も決まっている。

- **事業再構築補助金（中小企業庁。最大5億円）**
  コロナ禍で影響を受けた中小企業の事業転換を支援するための補助金。事業成長が見込める事業計画が必要。コロナ禍で売上が落ちた事業主が対象。個人事業主も可。

- **小規模事業者持続化補助金（全国商工会連合会。最大250万円）**
  販路開拓や業務効率化など事業の持続性を高める取り組みに対する補助金。地元の商工会議所を通して申請するが、商工会議所の会員でなくても応募可。

- **ものづくり補助金（中小企業庁。最大750万円〜）**
  正式名称は「ものづくり・商業・サービス生産性向上促進補助金」。個人事業主でも申請できるが、設備投資によって画期的な製品の開発や生産性の向上が重視されるため、ハードルは高め。

- **業務改善助成金（厚労省。最大600万円）**
  事業所内の最低賃金を引き上げると同時に、生産性向上につながる投資を行った場合に受けられる助成金。そのためどちらかというと法人向け。

- **人材開発支援助成金（厚労省）**
  従業員の職業訓練の経費や訓練期間中の賃金の一部を助成する制度。コースが複数あり、要件や助成額はさまざま。

 **めちゃくちゃありますね（笑）。**

 実はあるんです。
ぜひ覚えておいてほしい大事なポイントは、公的な補助金や助成金ってバンバン宣伝するわけでもないので、**自分から調べにいかないと知りえないんです。**もちろんこれらも政策次第でコロコロ変わるので、最新の情報はご自身で調べていただければ。

 ちなみに補助金と助成金ってなにが違うんですか？

 助成金は審査が通れば一定の金額が必ず出ます。一方で補助金は「コンテスト」みたいなもので、事業計画が審査されて評価の高いところだけ支援してもらえる仕組みだと思ってください。

いずれせよ補助金や助成金は国のお金が原資ですから、チャチャッと申請してポンとお金が出るようなものではありません。手続きは多いし、事業計画もちゃんと練らないと承認されません。そうした手間を覚悟のうえでチャレンジしていただければ。

フリーランスがお金を工面する方法をいろいろ紹介しましたけど、少しは安心できました？

非常に参考になりましたけど、なにげに「個人信用情報」とやらがネックになりそうな気がしました。

これがいわゆる「ブラックリスト」というやつですか？

そうです。個人信用情報とは簡単にいうと、お金を貸す業者※同士が情報を共有しあうことで<u>「お金にだらしない人」をあぶりだすためのデータベース</u>です。CIC（クレジットカード会社中心）、JICC（消費者金融中心）、KSC（銀行中心）の3つの団体があります。

※ 銀行、信用金庫、信用保証協会、消費者金融、クレジットカード会社、信販会社、百貨店など

3つの団体に分かれていたら個人の過去の取引をカバーできないじゃないですか。

実はこの3つの団体もお互いに情報共有しているんです。

逃げ場がない（笑）。

実際に「ブラックリスト」というリストがあるわけではなくて、各個人の過去の借り入れで返済が滞ったものがあると「事故」※と記載されるんです。この「事故」マークがついている人が、いわゆる「ブラックリストに乗っている人」、「個人信用情報にキズがついている人」になります。

※ 事故扱いされるのは延滞のほかに、保証会社や連帯保証人による弁済、任意整理、破産、再生などがある

 でもカードの支払期日を過ぎることなんて、よくありません？

 ちょっとの遅れならいいんです。でも**2、3か月の延滞をしたらアウト**。若い人で大学の奨学金を延滞する人ってけっこういるようですが、気がついたらブラックリストに載っている人もいるみたいです。

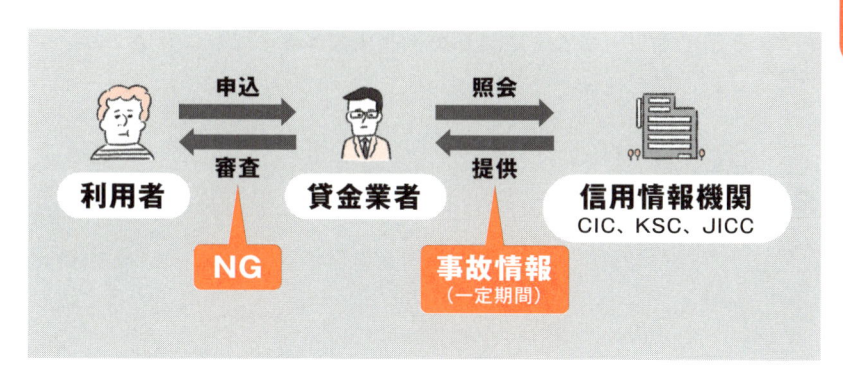

 それは怖い。

 内容次第ですけど、**一度ブラックリストに載ると、5〜7年間は消えません**。新規の借り入れの審査が通らないのはもちろん、引っ越しの入居審査（家賃保証会社の審査）で落とされたり、クレジットカードが使えなくなったり、スマホの分割払いができなくなったりと、けっこう大変なことになります。

 どんな情報が書かれているんですか？

 基本的にはどの会社からいくら借りて、ちゃんと返したかどうかがずらっと書いてあるイメージ。だから過去に事故を起こしていない人でも安心はできなくて、ローンの申請時に「他社からの借り入れはありません」と**ウソをついてもバレるんです。**

 ああ、返済比率の話。

 そう。すでにいろんなところから多額のお金を借りている人ほど返済能力が疑われますし、ましてやウソをついていたことがバレたら信用力が落ちるじゃないですか。

 自分の信用情報って、どうやって確認するんですか？

 有料ですけど**ネットで情報開示請求できる**ので、はじめてローンの申請に行く前に確認したほうがいいです。

 でも申請すれば審査されて、結果が出ますよね？

 そうなんですけど、ローンの審査で落ちるとそのことも信用情報に残るんですよ。

 **なぬ！**

 致命傷ではないですけど、「ああ、A社が落としているならうちも落とそう」とか「B社が落としているからうちは金利を最大まで高くしよう」みたいになるのが人間ですからね。自分の信用情報を客観的に知っておくことは大切かと思います。

PART 10

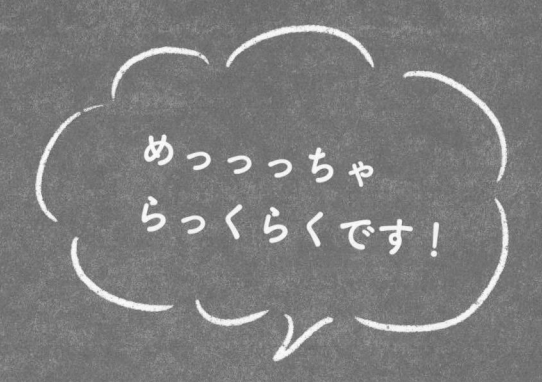

めっっっっちゃ
らっくらくです！

将来のリターンが
爆上がりする
投資をしよう

やろうとは思っているのですが、危険度が低い投資ってあるの？

iDeCoの話は少ししましたけど、もうちょっと投資の話をしてもいいですか？

この10年でコツコツ貯めたお金って全部銀行に入れたままなんですけど、それを積極的に投資すべきなのかどうかがわからなくて。とくにいまは子どもも小さいのでタンス貯金もあながち悪いことではない気もするんです。

比較的簡単に資金調達ができる会社員と違って、フリーランスの方が少し多めに現金を準備しておくことは、おっしゃるように悪いことではありません。ただ、結局は程度問題ですよね。

「投資するか・しないか」という二元論ではなく、**「どれくらいの割合をどんなところに投資するか」**という自分なりの**ポートフォリオ**を考える。これが投資の基本だと思うんです。

ポートフォリオ……。**「国内株式何割、海外債券何割」みたいな話ですか？**

それもポートフォリオですけど、まず考えたいのはそれより一段上のポートフォリオ。

貯金のどれくらいを現金として持っておく必要がありそうか。どれくらいを投資に回せるか。投資に回すお金のなかでも、どれくらいだったら最悪失っても大丈夫か。そういうことを考えたうえで、具体的な投資先

を考えたいところですね。

とくにいまは物価高と円安で、これが続くとタンスで眠っている現金の価値って、どんどん目減りしていくわけですから。

 投資に回したほうがいい目安ってあるんですか？

 金融投資はあくまでも「余剰資金」でやるものなので、無理はしないほうがいいです。

PART1で言ったように1年くらいの生活費は絶対守っておいたほうがいいし、お子さんの教育費とか、年に1回は海外旅行に行きたいからその旅費は残しておくとか、どれだけプラスアルファすればいいかは人によって変わってきます。

投資初心者はなにを買えばいいの？

 ### 投資っていったらやっぱり株なんですかね？ 将来成長しそうな会社の株を買ってひたすら値上がりを待つとか？

 もちろんそれも手段のひとつですけど、個別株ってけっこう難しいんですよね。

 でもいろんな会社の株を少しずつ買っておけばリスクは分散できそうですけど。

 あ、上場企業の株って基本的に**100株単位で売り買い**するんです※。だからトヨタの株価が3000円だったとしても、「じゃあ3万円で10株だけ買おう」みたいなことはできません。最低でも30万円かかるということ。

※ 2018年以降、全国の取引所で株式の売買単位が100株に統一された

 そうなんですか！

 ただし最近は投資初心者向けに、証券会社が自分たちで買った株を**1株単位で顧客にばら売りするサービス**も増えています。割高になるのがデメリットですけどね。

 ふーん。いずれせよ相当吟味しないとですよね……。

 そうですね。そもそも投資のプロではない普通の人が「ここは成長しそうだな」って思う会社って、新聞記事やネット記事で頻繁に取り上げられていて、すでに割高だったりするんですよね。

 そっか……。デイトレードとかFX（外国為替証拠金取引）とかも絶対無理そうだし。

 あれは専業のプロやギャンブラー気質の人しか手を出したらいけない世界です。

 じゃあ逆に、一番確実な投資先ってなんですか？

 確実性でいえば、政府が売り出している**個人向け国債**ですよね。元金割れがなくて1万円から買えますけど、収益性は低いです。典型的なローリスク・ローリターン商品。

たとえば、「第158回固定金利型5年満期」に200万円突っ込んでも年率は0.45%なので、利子を計算してみると……5年後に約4万5000円。

 # 安っ！ 銀行で眠らせるよりはマシ、というくらい。

 そういうことになりますね。ためしに三菱UFJ銀行の5年定期の年率を調べてみると……0.25%※ ですね。

※ 2024年11月8日現在

意外と高い？

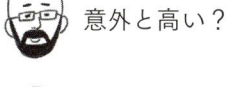 以前は0.002%とかでしたからね（笑）。日銀がゼロ金利政策をやめたので、じわじわと金利が上がっている状況です。そうはいっても低いですけどね。だから初心者が投資をするなら**投資信託**が中心かなと思いますね。

 投資信託ってなんでしたっけ？

 資産運用のプロに運用してもらう金融商品のことです。投資信託もたくさん種類があって、株価みたいに「基準価額」という日々変動する値段がついています。証券口座を開けば誰でも買えますよ。

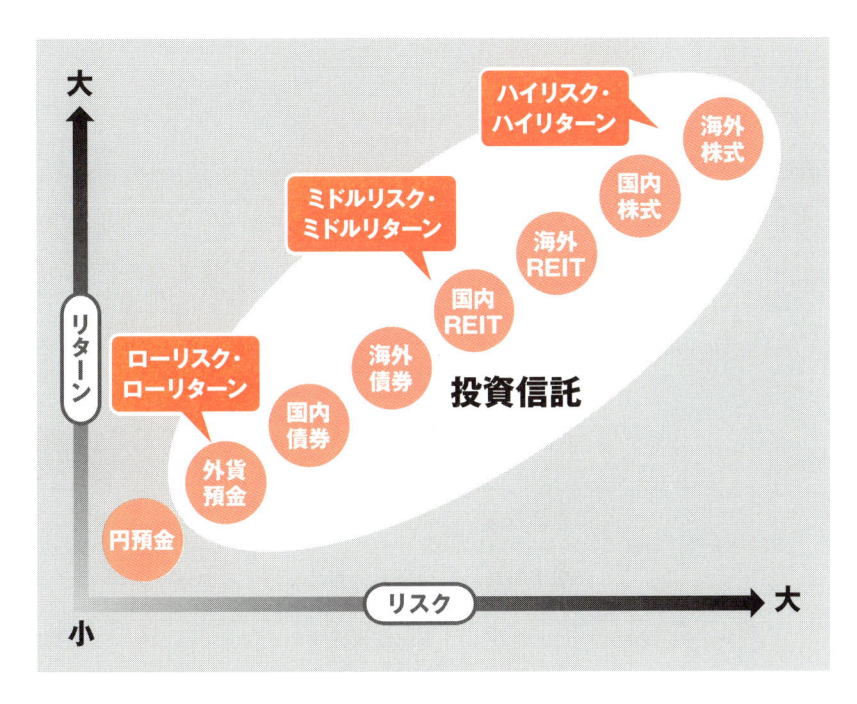

※ あくまでも一般例。個別の商品、運用戦略によって順序は入れ替わる場合もある

まず
コレ！
超重要

- ✅ 株で得た利益はどんなに大きくても税率約20%
- ✅ NISAの最大のメリットは「永久に非課税」
- ✅ 証券口座の開設は手数料の安いネット証券がおすすめ

私、株をやったことがないので素朴な疑問なんですけど、株や投資信託の損益ってどういう手順で国に申告するんですか？
確定申告で記入する欄があることは知っていますけど、自分で全部メモしておく感じなんですか？

そもそもの話をすると、株や投資信託の売買をするときは証券会社に口座を開き、そこに自分のお金を振り込んでから売買するんですね。で、口座には「特定口座（源泉徴収あり）」「特定口座（源泉徴収なし）」「一般口座」の3種類あって、「特定口座（源泉徴収あり）」は確定申告の必要は原則的にありません。

		年間取引報告書	確定申告
特定口座	源泉徴収あり	証券会社がつくってくれる	しなくてもいい
	源泉徴収なし	証券会社がつくってくれる	必要
一般口座		自分で作成する	必要

で、近年は一定額まで非課税の「NISA口座」が証券口座を開くときの選択肢として追加されたわけですけど、これはあとで解説します。

確定申告不要ということは、証券会社が納付までやってくれる？

はい。1年間で得た配当益や売買の損益を記録した「特定口座年間取引報告書」という書類をつくってくれるうえ、発生した利益に対して所得税・復興特別所得税15.315％と住民税5％を源泉徴収してくれるんです。

あ、税率が違うのか！

そこは超大事なポイント。事業所得や給与所得は累進課税ですけど、**株による所得に対する税率は一定**なんです。約20％。
ただし、「特定口座（源泉徴収あり）」を選んだとしても、他の証券会社の口座と損益を合算したいときや、株で損失を出して繰り越したいときは確定申告できます。

え？　株の損失って繰り越せるんですか!?

はい。なぜかここは親切なんです（笑）。その申請をするときに特定口座年間取引報告書のような1年間の取引が記載された資料が必要なんです。「特定口座（源泉徴収なし）」の場合、報告書はつくってくれますけど確定申告は自分でしないといけません。「一般口座」は報告書も自分で作成する必要があるうえ、確定申告も自分でしないといけない。正直言って、「一般口座」を選ぶメリットはないですね。

じゃあ「特定口座（源泉徴収あり）」と「特定口座（源泉徴収なし）」はどう選べばいいですか？

基準としてよく言われるのが、**年間の利益が20万円に満たないなら「特定口座（源泉徴収なし）」**。なぜなら株の利益が年間20万円未満なら確定申告しなくていいし、非課税だからです。「特定口座（源泉徴収あり）」を選んでしまうと仮に利益が10万円しかなくても約20％源泉徴収されてしまうんです。しかも、「20万円に満たなかったから還付します」みたいなこともありません。

いいこと聞いた。

というのが証券口座の基本的な違いですけど、投資初心者の方がいまから投資をはじめるなら「NISA口座」一択ですね。こちらは一定額まで非課税ですから確定申告の必要もありません。

本当に、NISAはやらなきゃ損!?

やっぱりNISAなんですね。

NISA※は国民に金融投資を促すために政府が導入した制度で、「少額投資非課税制度」とも呼ばれます。

※ Nippon Individual Savings Accountの略。もともとイギリスに「個人貯蓄口座」（ISA）という制度があり、その日本版という意味

日本はタンス貯金が多すぎるから。

そう。その莫大な金融資産を市場に循環させて経済を活性化させると同時に、「財政はどんどん厳しくなるから、自分の老後はできるだけ自分で守ってね」という政府の思惑も絡んでいると思います。

そんなにいい条件なんですか？

年々条件がよくなっていって、2024年からスタートしたいわゆる「新NISA」からは**「神制度」と言っていいくらい、条件がよくなりました。**

なにが変わったんですか？

年間投資枠が360万円に拡大され、最大1800万円まで運用できるようになりました。
そして何といっても目玉は、**非課税の状態で保有できる期間が無期限**になったことです。それまでは最大20年だったんですけど、無期限にな

ったことで長期的な資産運用をしてみようと考える若い人も増えたんです。

	つみたて投資枠 併用可	成長投資枠
年間投資枠	120万円	240万円
非課税保有期間	無期限化	無期限化
非課税保有限度額（総枠）	1,800万円	
		1200万円（内数）
口座開設期間	恒久化	恒久化
投資対象商品	金融庁の基準を満たした投資信託に限定	上場株式・投資信託等（一部の商品を除く）

実は僕、この新制度がはじまってから**毎月30万円を5年間突っ込むと決めて、ずっとフルベットしています。**

 よくインフルエンサーたちが「やらなきゃ損」と言っているのは、あながちウソではないんですね。

 誇張表現ではありません。ちなみにNISA口座はいろんな金融機関が用意していますが、**開設できるのは1社だけ**なのでちゃんと吟味しましょう。まず銀行系は株式投資ができないので論外。証券会社のなかでも**ネット証券は売買手数料が無料のところが多い**のでおすすめです。

「どの会社が成長するか」より「どの国が成長するか」を選ぶほうが簡単

 まず
コレ！
超重要

- ✓ 超ド素人が投資をするなら、インデックスファンド投資
- ✓ アメリカや全世界に連動しているものを探してみる
- ✓ 資産配分をすべて円にしない

 「新NISA」に少し興味が湧いてきたんですけど、なにを買えばいいのかという話があるじゃないですか。SNSのインフルエンサーなんかはこぞって「アメリカのインデックスファンド一択だ」って言うんですけど、これは本当ですか？

 **一択ではないと思いますけど、私も買っていますし、おすすめしています。**

 おお！

 さっき投資信託の話を少ししましたけど、投資を専業にするわけじゃない人にとって「ほったらかしていたら増えていた」が理想なんですよ。そう考えると**わずかな手数料でプロが運用してくれる投資信託が好都合**なんです。なぜなら分散投資を勝手にしてくれるから。

で、インデックスファンドとはある経済指標に連動するように設計された投資信託のこと。

 経済指標？

 経済指標って、株価指数とか不動産市場とか金（ゴールド）市場とかのことです。要は、ある市場にベットできると。

じゃあアメリカの経済成長にベットするのがベストということですね。

過去のチャートがそれを証明していますからね。とくにS&P500の株価に連動するインデックスファンドならアメリカの上位500社の株を分散して保有しているようなものですから、高い確率で成長するだろうということです。

S&P500の構成上位銘柄は なじみのある企業ばかり！

マイクロソフト　Windows、Officeやクラウドサービスを展開

アップル　Mac、iPhoneなどのブランド力の高いハードウェアを提供

エヌビディア　GPU（画像演算装置）では世界最大手の半導体メーカー

アマゾン・ドット・コム　ネット通販の巨人。クラウドサービスでも高い市場シェア

メタ・プラットフォームズ　SNS運営最大手のIT企業。FacebookやInstagramなどを運営

アルファベット　検索エンジンGoogleやYouTubeなどを展開

（2024年11月現在）

たしかに、日経平均なんて30年前の水準に戻っただけなのにワーキャー言ってますからね。

でしょう。しかも日本市場が今後成長するというシナリオは、多くの専門家が難しいと言っていますからね

やっぱり海外か。そういえば**ETF（上場投資信託）**っていうのもありませんでしたっけ？

ETFでも構いません。これも株価指数などに連動する投資信託で、ETFは上場しているので株のように日中に売り買いができるのが特徴です。

まあ、長期保有するならインデックスファンドでもETFでもどちらでもいいんじゃないですか。

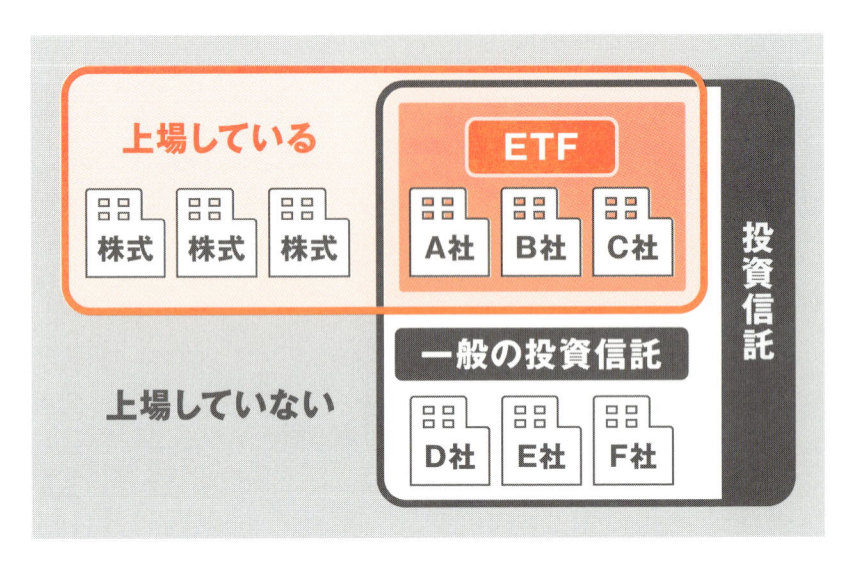

 S&P500以外におすすめは？

 もしインドや中国、ブラジルなど新興国の経済成長にベットしたいなら**オルカン（オール・カントリー）**という選択肢もあります。

 で、そういう商品って株式口座を開いたら買えるわけですか？

 そうです。証券会社によって品揃えが変わるので事前に調べたほうがいいですけど、まあ、どこでも買えますよ。

「日本円以外の資産」も持っておく！

 そのアメリカの投資信託などは円で買うんですか？　それともドルで？

 **私はできるだけドルで買うようにしていますけどね。**
会社の利益や自分の報酬は基本、日本円でどんどん入ってきますから、

ポートフォリオを分散させる意味でも**資産の一部を外貨で持っておく**ことは大事だと思います。

とくに日本でマイホームを購入済みの方なら個人資産の大部分が日本円ですから、米ドル資産は持っていたほうがいいと思いますよ。実際には円建ての商品が多いんですけどね。

でも金融商品をドル建てで買うということは、投資信託の運用ではプラスなのに為替でマイナスになるリスクがあるということですよね？

もちろんそうですけど、為替ってそういうものですからね。両方プラスになる可能性もありますし。

そうか……。これ、先生に聞く話かどうかわからないんですけど……円安はまだ続きます（笑）？

私は続くと思っています。というのも為替を左右する大きな要因のひとつは**金利の差**で、日本はまだまだ金利が低いんです。

日本の金利が欧米並みに高くなれば円高に振れる可能性はあるかもしれないですけど、日本って不動産投資がすごく活発だから、国としてもそこまで金利を上げられないと思うんですね。

ああ、金利が安いから不動産投資が盛り上がっているのに、そこに水を差せないみたいな。

そうそう。

じゃあ、ドルで投資信託を買う場合って、アメリカの銀行に口座を開設するみたいなことが必要なんですか？

いやいや。ドルで買えるものは商品名に「米ドル建て」と書いてあります。それをご自身の証券口座で買えば、証券会社がドルに交換してくれます。

あとは日本円以外の資産を持つという意味では、<u>金（ゴールド）市場に連動するインデックスファンド</u>なんかもいいですよ。株価とは違った動きをするので、私は分散投資の目的で買っています。

そういえばパチンコ中毒の知り合いが、特殊景品の金を換金せずに大量に貯めこんでいると言ってました。

それ、超賢い（笑）。私も金の延べ棒を買おうかと思っているくらいです。**いま金相場はめちゃくちゃ伸びているので、売ったら相当儲かりますよ。**

金以外にも、お金に余裕があるならアンティークコインや腕時計のような物理的な投資商品を持っておくのも悪くないですね。いざというとき、海外へ持ち出しやすいですし。

暗号資産は無視でOKです！

ビットコインのような暗号資産（仮想通貨）はどうですか？

ポートフォリオのごく一部に組み込むのは悪くないと思います。アメリカでは最近、ビットコインのETFが承認されたりして、現実的な投資先としての地位が高まりつつあります。

小山先生、めっちゃやってそうですね。

よく言われるんですけど、実はやってないんです。

意外！　それはリスクが高いから？

いや、リスクが高いのはポートフォリオでバランスをとればいいだけなので気にしていないんですけど、いまの日本で暗号資産に手を出しても<u>正直バカバカしいんですよね</u>。税金的に。

 高い？

 高すぎ。株の投資で1億円の利益が出ても一律20％の税金しかかかりませんが、いまの日本で暗号資産は**「雑所得」という扱い**なので、累進課税の対象なんです。

もし暗号資産を日本で換金して1億の利益が出ると、所得税と住民税で最大5500万円も持っていかれるんです。さらに予定納税でその3分の2を先払いしないといけない。負けても損、勝っても損という状況なんですよね。

 **ひどい……。**

 でもたとえばドバイのように税金がほぼかからない国に移住して1億円分の暗号資産を換金すれば、丸々自分のものになります※。だから、やるなら海外移住の目途が立ってからかなぁと。

※ ドバイの居住者でなければ優遇は受けられない。旅行中に換金しても税金はかかる

 え、もしかして小山さんドバイ行くんですか？

 ドバイとかシンガポールとか、せっかく移住するなら**税金の安いところ**がいいですね。ビジネスを拡大させるスピード感が全然違うので。

「お金を払うことで自分が成長するものは全部投資」を忘れてほしくない

- ✓ 若い人は「自己投資に全振り」するくらいがいい
- ✓ 将来的に利益を獲得するための支出は投資に含まれる
- ✓ 何のために投資するのか、目的をハッキリさせる

 いろいろ投資方法を紹介しましたけど、とくに若い人は余ったお金を金融商品に中途半端に突っ込むよりも、自分自身に突っ込んだほうがはるかに大きなリターンが見込めるというのが私の考え方なんです。

 **きた！　ちゃぶ台返し（笑）。**

 事業規模が現状維持でいいというなら、銀行口座で現金を眠らせるよりは一部を金融商品に投資したほうがいいと思うんです。

でもまだ若い人だったり、事業を大きくしていきたいと思っているフリーランスなら、やっぱり自己投資でしょ、と思うんです。金融投資で数％のリターンを得られるかもしれないけど、自分自身、あるいは自分の事業に投資すれば、**何百％というリターンで返ってくる**可能性があるわけですから。

そう言われてみると、スタートアップ企業が株式投資ばかりしていたらダメそうですよね（笑）。

そういうことなんですよ。
スタートアップは上場やバイアウトでドデカいリターンを得るために設備投資をしたり、人を雇ったり、社員教育をしたり、マーケティング費用を増やしたりと将来への仕込みをコツコツ続けるわけじゃないですか。それはフリーランスにも言えると思います。

たとえば余ったお金が300万円くらいあったとしたら、どんなことに使います？　設備投資とか人を雇うこと以外で。

特定の知識があることで事業の成長に貢献しそうなら「勉強」に使ってもいいですよね。必ずしも学費として使うだけはなく、**たとえば1か月集中して勉強するときの生活費として使うのも一種の投資です。**
英語が苦手なフリーランスなら、たとえば3か月とか半年、バリ島あたりの語学留学に行けば仕事の幅が広がりそうじゃないですか。

それはいいかも！

若い人なら自分の知らない世界を体験してみるのも投資ですよね。もしかしたらそこで人脈を得て仕事の幅が広がるかもしれません。

あるいは、自分が興味を持っている分野でプチ起業してみるなんてことも選択肢としてあるでしょう。ライターさんだったら、たとえば全国のラーメン屋を食べ歩いてブログを書きつつSNSで発信し続けて、「ラーメンライター」のポジションを狙うとか、選択肢は無限にありますよね。

どんどんアイデアが出てきますね。ちなみにラーメン代や旅費は経費になる？

もちろんです。胸を張って**「これは仕事のため」と言えることはすべて経費**にしていいんです。

自己投資って別に闇雲にやる必要はないですけど、**自分が5年後や10年後にどんな状態でありたいか**をまず冷静に考えてみて、そこから逆算してみると自分にとって有益な投資先が見つかるんじゃないかと思うんです。

先ほど老後の話をしたときに少し触れましたけど、自分の健康にお金を使うことも大切だと思います。

働き方を自分で選べるのがフリーランスの魅力なので、現状維持が悪いとは思いません。ただ、ある程度仕事が安定してきたフリーランスの人って働き方がだんだんマンネリ化してきて、当初抱いていた「成長しよう！」みたいな気持ちをいつの間にか忘れていることが少なくないんじゃないでしょうか。

 **（ドキッ！）** ……まあ、そういう人もいますよね（小声）。

 だから自分自身や自分の事業の成長を加速させるものにうまくお金を使えるといいかもしれないですね。

みんな「リタイア」に目がくらみすぎ

 稼いだお金を再投資する。あまり考えたことないなぁ……。

短期的な視野だけではなく、長期的な視野も忘れてはいけないということですね。

でもたとえば最近よく聞くFIRE※なんて、若いうちにめちゃくちゃ働いて、必死にお金を貯めて、できるだけ早く労働から解放される生き方ですよね。それもひとつの選択肢としてアリなんじゃないですか？

※「Financial Independence, Retire Early」の頭文字を取ったもの。「経済的自立と早期リタイア」を指す

まあ、FIREとひとくちにいっても「労働なし」が前提のものや、「労働あり」が前提のものもありますけどね。さらに「労働なし」でも、莫大な資産を築いて悠々自適な生活を送る王道的なものもあれば、少ない資産で倹約生活を送るものもあります。

このうち王道的なFIREって、基本的に自社株を売却した人とかビジネス的に大成功した人しかなれないのでそれはいいと思いますし、生活費の安い地方でたまにフリーランスの仕事をリモートで受けるみたいな「ペースを落とす系のFIRE」はまだわかるんです。
ただ、「倹約生活でいいので引退します」みたいなFIREって、結構危ない気がするんですよね。

流行（はや）ってますよね。というか私も最近、田舎暮らし系の動画ばっかり見ています（笑）。

人の生き方なのでもちろん自由なんですけど、若いうちから**なんでもかんでも「節約だ！　貯蓄だ！」とやりすぎて自己投資をケチっていると、稼ぐ力が一向に身につかない危険性がある**と思うんです。

労働から早く解放されたいはずなのに、稼ぐ力がないがために長く働かないといけないみたいな。

そうそう。それでたとえば20年くらい倹約生活を送って、引退後も倹

215

約生活だと、一生、我慢大会になる可能性があるし、途中で資金が尽きたらどうするつもりなんだろうと思ってしまうんですよ。

それなら若いうちにどんどん自己投資をしてガンガン稼げるようになったうえで引退したいならすればいいし、というのが私の考え方なんですよね。

 たしかに。

 そもそも論でいえば、労働から解放されたいのは仕事が苦痛だからですよね？　地方への移住にしても都会の人間関係に疲れたみたいな理由が多いですよね。だとしたら、稼ぐ力をつけて経済的自立（Financial Independence）さえ実現できれば、自分のしたい仕事だけを選べるわけですし、付き合いたい人とだけ付き合うこともしやすくなるわけですよね。引退までしなくてもいいんじゃないかと思いますけどね。

 なるほど。

 フリーランスって、会社員と違って机に座っていればお金が増えるわけではないので、**稼ぐ力を中長期的にどう鍛えていくかという視点**がめちゃくちゃ重要なんです。
それはスキルとか、ブランディングとか、ビジネスモデルとかいろんな要素が絡んできますけど、「稼ぐ力を毎年高めていくぞ！」という意識をちゃんと持っている人は順当に稼げるフリーランスになっていくと思うんですよ。

 ## 私みたいに収入が横ばいなら相当な危機感を持てと。

 そこまでは言わないですけど、次のフェーズ、次のアクションを考える段階にきているのかもしれないですね。

 わかりました！

PART 11

働いたらほぼ
負け確定かもよ？

そろそろ
ヤバい日本の
脱出も考えてみよう

まずコレ！超重要

- ✅ 日本は"微妙な不幸せ"がずっと続いている
- ✅ 日本は住むのには最高だが、稼ぐことに向いていない
- ✅ 政府の方針などに関係なく個人レベルで動くしかない

先ほどドバイの話がありましたけど、やっぱり海外移住の話はしたいですよね。

そうですね。実は海外に移住する日本人の数って増えていて、過去最高をマークしたそうです（2022年10月時点）。
フリーランスのグローバル化というか、日本を飛び出して戦うというテーマは、これで一冊書きたいくらい重要な話題だと思います。郷さんだってつい最近までアメリカでフリーランスを経験されたんですよね。

はい。「駐在夫」として2年半アメリカで暮らしましたけど、Zoomのおかげで日本の案件を普通にさばくことができましたよ。

本当に場所を選ばなくなりましたよね。でも報酬は日本円で生活はアメリカだと大変じゃなかったですか？

きつかったですねぇ。基本的に物価はすべてが3倍で、ポテチ1000円、タバコ1500円、家賃60万円みたいな世界です。短期での帰国がわかっていたので出版社とのつながりを維持するために日本の仕事を選びましたけど、もっと長期だったら現地でお好み焼き屋とか開業していたかもしれません（笑）。

いいですね（笑）。私もビジネスの拠点を海外に移そうと考えていますし、

ビジネスオーナーの海外移住を支援する会社を共同経営していたりもするんです。共同経営者はすでにドバイに住んでいます。

 へぇ〜〜。

 こうした海外シフトの背景をひとことで言うなら、**「日本でどれだけ頑張っても働き損になりかねないから」**。たとえば……

- どれだけ経済的に成功しても資産の半分以上は没収される
- 国民負担率※は今後さらに高くなっていく
- 国全体として給与水準・報酬水準が低い
- 日本企業の競争力は年々低下。さらにDX（デジタルトランスフォーメーション）後進国のため生産性向上も望めない
- 人口減により市場が縮小し、エッセンシャルワーカーも圧倒的に不足する
- 規制が多すぎてイノベーションが生まれづらい

※国民全体の所得に占める税金や社会保険料の負担の割合

 本当にそうですよね。報酬については近年のワーホリブームで若い人も気づいちゃいましたよね。「日本で必死に受験戦争を勝ち抜いて大企業の正社員になるより、オーストラリアで果物の収穫をしていたほうがはるかに儲かる」って。アメリカでも宅配ドライバーの年収が3000万円近いですからね。

 そうですよね。**残念ながらいまの日本で明るいニュースって、インバウンドビジネスくらいじゃないですか。**

 国全体としてはじわじわ沈んでいる感じ。

 最近は音を立てて沈んでいますよね。「失われた30年」どころか「失われた40年」がほぼ確定ですし。感度のいい人はそれをわかっているので逃げられる人からさっさと逃げているんだと思うんです。

私も小学生の娘に「将来、どんな仕事をしてもいいけど、世界のどこでも働けるからね」って教えています。あと日本って教育システムが信じられないくらい古臭いので、子どもの才能や個性を潰さないために日本を飛び出す家族もいますよね。

 その側面も見逃せないですね。
もちろん日本は比較的安全だし食事もおいしいから、日本を出るつもりはありませんという人はそれでいいんですけど、せっかく自由な生き方ができるフリーランスになったなら**海外も選択肢のひとつとして考えたほうがいい**と思うんですよね。とくに志が高い人なら、なおさらです。

 それは主に税金面で？

 # 税金は本当にデカいです。

結局、私のような起業家にとって会社や個人の儲けって、さらなる成長のための原資なんです。
でも日本にいる限り、せっかく原資をつくっても国に没収されてしまう。その間、税率の低い国で起業しているライバルたちはその儲けを自分たちの投資に回して、ものすごいスピードで成長していたりするんです。

 「日本」が足かせになっているわけですね。 みんな平等じゃなきゃ許さない。独り勝ちはダメ、みたいな。それを居心地のよさとして感じる人もいれば、そうじゃない人もいる。

そう。もちろん海外進出がベストな選択なのかは職種によって異なるでしょうし、日本の市場でしか通用しない事業もありますけど、場合によっては「**海外で通用するビジネスってなんだろう？**」とか「**世界の市場で戦える自分のスキルってなんだろう**」みたいなところから逆算して、ビジネスを考えてもいいんじゃないかと思うんです。

ああ、移住を前提にキャリアを見直すわけですね。たしかにそれはアリな気がします。

この本はお金について考えるものなので、文化とか教育移住のような話を抜きにして純粋にお金に関することだけに絞って話をすすめると、海外を検討すべき理由は改めて4つあると思います。

① 【税制】 事業の成長スピードを加速させるため所得税・法人税の安い国へ
② 【税制】 資産を次世代に継承するため相続税の安い国へ
③ 【市場・経済力】 高単価の仕事をするため自分のスキルを高く買ってくれる国・市場へ
④ 【市場・商機】 ポテンシャルの高い市場でビジネスチャンスをつかむため経済成長している国・市場へ

なるほど。ただ、このうち①と②の税制の話ってけっこう、富裕層向けの話ですよね。現地にごっつい不動産を買ったり、口座に何億入れたら投資家ビザが出るみたいな話ですよね？

そうですね。なのでこのあたりはあとで簡単に触れる程度にします。フリーランスでも経済的に成功する人は当然いますから。先に③と④の話をしましょうか。

実感できない「経済成長」。
人が安く雇える国に染まらない
ためにできること

まず
コレ！
超重要

- ✓ 国内市場だけをターゲットにする "現状維持" はやめる
- ✓ 自分のスキルを高く買ってくれる市場を探す
- ✓ 海外に顧客を持とうとしたら、英語力は必須

 たとえばフリーランスのイラストレーターがいるとします。日本で独立するとしたらライバルは飽和状態だし、さらにコンテンツ業界の下請けとか、印刷会社の下請けなどになると単価も安く、けっこう大変だと思うんです※。

※ 参考までに、企業に所属するイラストレーターの平均年収は約371万円（求人ボックス給料ナビ調べ）

 ああ、「好きなことを仕事にしている！」と感じるから、つい我慢しちゃうんですよね。

 そう。でも日本的なイラスト技術って世界から見れば憧れの的ですから、わざわざ日本の会社から仕事をもらわずに直接海外に自分を売り込めば、**単価が爆上がりする可能性はゼロではない**はずです。

それに作品単体で儲けるのではなく、日本的なキャラクターの描き方をYouTubeなどで世界に発信したら、ものすごいフォロワーがつく可能性だってあるわけですね。
もし私にイラストの才能があったら間違いなくYouTubeをやって、企業広告のような高単価な案件につなげます。

 視野をちょっと広げるだけ。

はい。日本という1億人ちょっとの市場だけを見るのではなく、**世界80億人の市場を見るんです。**

 プログラマーだって最近はリモート中心だから、海外と仕事ができますからね。逆に日本企業が海外のエンジニアを遠隔で使うこともあるし。

 でしょう。グローバルな市場で通用するスキルを持っている人なら、そういう働き方だってできるんです。
「日本で生まれたから日本で稼がないといけない」という思い込みを持っているならさっさと捨てたほうがいいと思います。

新興市場でビジネスチャンスをつかめ！

 あとはいま現在、目覚ましい経済成長を遂げている国に飛び込んで、そのビッグウェーブに乗る作戦もありますよね。
私たちの世代は日本の高度経済成長期もバブル期も知らないわけですけど、それをもしうらやましいと思うなら経済成長している国に行けばいいだけの話なんです。

 私がミャンマーに行こうとしたのはまさにそんなノリでしたね。不動産開発がものすごく盛り上がっていたので。最近はどんな国が成長してい

るんですかね。

2024年の実質GDP成長率予測ランキングトップ10※はこんな感じです。

1位　ガイアナ　33.90%

2位　マカオ　13.94%

3位　パラオ　12.40%

4位　ニジェール　10.42%

5位　セネガル　8.25%

6位　リビア　7.83%

7位　ルワンダ　6.93%

8位　インド　6.81%

9位　モンゴル　6.54%

10位　ジブチ　6.51%

（172位　日本　0.86%）

※IMF（国際通貨基金）統計データによる

人口14億のインドの成長率が6.81%ってすごいなぁ……。

これ以外にもフィリピン、カンボジア、ベトナム、インドネシアあたり
も5〜6%の成長率です。
ちなみにバブル期の日本の実質GDP成長率は5%くらいでしたから、い
かに世界全体として経済が伸びているかということです。
私も今後、東南アジアを中心に不動産投資をしていきたいと思っている
んです。

人口が増えていますからね。

 そうなんです。世界人口は2037年には90億人、2058年には100億人を超えると予測※されています。**こうやって世界に目を向けたらビジネスチャンスなんてゴロゴロ転がっているんです。**

※ 国連の世界人口推計

海外で働くために把握しておきたいこと

- その国のビザ情報
- その国の治安・医療環境
- その国の商習慣
- 日本との取引が多い場合（従業員が日本も同様）は時差もチェック

 そういえば小山先生って英語できるんですか？

 毎日勉強してますよ。どんな職種でも、可能性を広げるという意味では**英語が最強のスキル**じゃないかなと思っています。

 日本より生活費が安い国に移住して、とりあえず日本を相手に仕事をしながら現地でビジネスチャンスを探すみたいなこともできそうですね。

 実際にそういう人もいますからね。英語の勉強を兼ねることもできるし、もしその国が自分に合わないなら別の国に行ってもいいわけですし。気に入ったら永住権取得を目指すという2段構えでもいいんじゃないかと思います。

 **独身だったらいますぐ行きたい！**

節税のことだけ考えて行き先を
決めるのではなく、
「いられる国か」で考えよう

- ✓ タックス・ヘイブンでも生活費がわりと高い国がある
- ✓ 長期滞在しやすい国かどうか、文化の壁もチェック
- ✓ 世界のどこに住んでいても仕事はそれなりにできる

 税金回避って、要は法人税がかからないタックス・ヘイブンみたいな話ですか。

 いや。実態のない会社をタックス・ヘイブンにつくるような露骨な租税回避はさすがに日本政府も対策※を打つようになったので、だいぶ難しくなっています。

※ タックス・ヘイブン対策税制

 あ、そうなんですね。

 ただ、日本より税金の負担が少ない国ってやっぱりあるんですよ。その代表例が所得税をはじめ税負担がほとんどない**アラブ首長国連邦（UAE）**。法人税も9％しかかかりません。
オイルマネーのなせる業ですけど、**日本で経済的に成功を収めた人たちがこぞって移住しています。**

次いで所得税が日本の半分くらいしかかからない**シンガポール**が有名ですね。シンガポールは地方税（住民税）がないし、所得税も最大で24％と超良心的。法人税も17％しかかかりません。こちらも富裕層や経営層に根強い人気ですね。アジアを中心にビジネスをしたい人はとくに。

それは安い！　相続税はどうですか？

相続税がない国もけっこうあるんです。UAEやシンガポールもそうですけど、オーストラリア、ニュージーランド、カナダ、中国、マレーシア、スウェーデンなども。ちなみに、海外移住したらすぐに日本の相続税から逃れられるわけではなくて、**日本を出て10年経たないと日本の相続税がかかってきます**ので注意してください。

ドバイ移住って、ぶっちゃけどうなの？

じゃあ、普通のフリーランスが移住するとしたら、どんな国がおすすめですか？

東南アジアだとフィリピン、タイ、マレーシア、ベトナムあたり。欧米だとオランダ、カナダあたりですかね。これとは別に、郷さんのようにリモートワークで働く人なら**デジタルノマドビザ**という制度がいま世界中で広まっているので、それを使うのもおすすめです。

あれ？　UAEやシンガポールは？

UAEもシンガポールも税金は安いんですけど、**居住コストが高い**のがネックなんですね。とくにUAEなんて暑すぎて年の半分は住めたものじゃないので、ノマド的な暮らしができるお金の余裕がほしいところです。

納得です（笑）。

その点、フィリピン、タイ、マレーシア、ベトナムあたりは居住コストが抑えられるうえ、経済的にもかなり勢いがあるし、都市部は多くの日本人が想像するよりはるかに都会なので、生活面でもさほど苦労しないかなと思います。東南アジアに住むといっても別にジャングルで生活するわけじゃないんで（笑）。

 ビザも取りやすいわけですか？

 長期滞在がしやすいという基準で選んでいます。そもそもいきなり永住権をくれる国なんてあまりないですから、何年か住んでみて気に入ったら永住権を考えればいいんじゃないですか。

一応、おすすめの国の主要なビザの情報を簡単にまとめますけど、ビザの条件ってすごく頻繁に変わるので、読者の方がこれをご覧になった段階では古くなっている情報もあるかもしれません。興味を持たれたら各国の大使館のホームページなどで最新情報をチェックしてください。

①フィリピン

50歳以上から取得できる「SRRV（特別居住退職者ビザ）」が有名。就労可能で、永住権とほぼ同等。

ほかにも最長3年間滞在できる「観光ビザ」や、7万5000米ドル以上の投資で取得できる「SIRV（特別投資家ビザ）」などもある。

②タイ

富裕層や専門職に対象が限られるが、2022年にスタートした「LTR（長期移住者）ビザ」は税制の優遇を受けられるなどおすすめ。最大10年の滞在が可能で家族の同伴もできる。

就労の意思がない人には5年間有効の「タイランドエリートビザ」が人気。

③マレーシア

現地で起業するなら「MTEP（マレーシア・テック・アントレプレナー・プログラム）」、長期滞在したいなら5年有効の「MM2H(マレーシア・マイ・セカンドホーム) ※」プログラムという選択肢がある。

※2024年2月現在、新規申請は停止中

④ベトナム

個人事業主でも申請できる「LD1、LD2(就労ビザ)」がある。富裕層や経営者には最低30億ベトナムドン（約1800万円）から申請で

きる「DT(投資家ビザ)」がある。

⑤オランダ
「起業家ビザ」を使えばフリーランスでも移住しやすい国として有名。最低投資額（残高証明）は4500ユーロと安い。
事業計画を作成し現地の商工会議所で事業登録をしないといけない。2年有効で、さらに5年延長可能。

⑥カナダ
州独自の移民プログラムを含め60種類もの移民申請方法があるのが特徴。英語が得意なフリーランスは「FSW（連邦スキルドワーカー）プログラム」がおすすめ。
英語が苦手な人なら（ビザ不要の）6か月間で語学を学んで、そのあと「ワーホリ」で就労実績をつくり、「就労ビザ」取得を目指すというステップアップも可能。

世界で導入が広がる「デジタルノマドビザ」

 先ほどおっしゃっていた「デジタルノマドビザ」って、たしか日本も導入したってニュースになっていましたよね？

 はい。日本の場合は年収1000万円以上の外国人リモートワーカーであれば、「特定活動」の在留資格として最大半年間の滞在が可能になりました。

で、この制度っていま世界中に広まっているんです。デジタルノマドは働く場所を選ばないわけですから、各国が招致合戦をしているような感じです。

【ヨーロッパ】エストニア、マルタ、ジョージア、クロアチア、アイスランド、スペイン、ポルトガル、ギリシャ、ルーマニア、ハン

ガリー、キプロス、ラトビア

【アジア・中近東】ドバイ（アラブ首長国連邦）、スリランカ、タイ、インドネシア、マレーシア、台湾、日本、韓国

【中南米・カリブ】バミューダ、バルバドス、アンティグア・バーブーダ、アンギラ、モントセラト、ドミニカ、バハマ、キュラソー、セントルシア、グレナダ、コスタリカ、メキシコ、パナマ、ベリーズ、エクアドル、コロンビア、アルゼンチン

【アフリカ・インド洋】セーシェル、モーリシャス、カーボベルデ、ナミビア

※The Digital Nomad Japan調べ

 へぇぇ！　リストを見ているだけでワクワクします！

 なかでも人気なのがポルトガル。現地の最低賃金の4倍稼ぐリモートワーカーが対象です。日本円だとざっくり月40万〜50万円くらいですかね。滞在期間は2年ですが、最長5年の居住許可証を申請すれば長期滞在もできます。

 ポルトガルかぁ。考えたことなかったけど、いいなぁ〜。

 自分の理想とするライフスタイルが実現するかどうかで居住国を選べるって、考えてみればすごく贅沢な話ですよね。
でもフリーランスならそれができる時代になったんです！

海外に引っ越しちゃえば、日本で税金を払わなくてOK……というわけにはいかない

まず
コレ！
超重要

- ✔ 二重課税を避けるための制度を知っておく
- ✔ 居住者・非居住者の判定はけっこう厳しい
- ✔ 滞在日数は年間最低183日以上必要

 少しだけ実務的な話もしておかないといけませんね。たとえば郷さんのように配偶者の転勤にともなって海外に引っ越して現地でフリーランスの仕事を続ける人も多いと思います。その際にどんな手続きが必要かといった話です。

 私も全然わからなくて何回か税務署に電話で質問しました。結果的には意外とシンプルで、一度も税務署に行くことはなかったです。あくまでも私の場合ですけど、こんな感じです。

▼ アメリカで生活しながら日本企業と仕事を続けるために私（郷）がやったこと

①国内在住の「納税管理人」を立てた
納税管理人とは国内在住の代理人のこと。筆者は親に依頼。確定申告の提出や納税を代わりにできる。「所得税・消費税の納税管理人の選任・解任届出書」を税務署に提出する。

②出国日までの収支のみ確定申告を行った
翌年2月に国際郵便で税務署に直接送った。

③滞在中の収支の確定申告（タックスリターン）は現地の日系税理士に依頼した
配偶者の勤務先が契約している税理士事務所が担当してくれた。

要は「個人事業主の海外移住届出書」みたいなものがあるのかと思っていたんですけど、なにもなかったんです。

そう。役所に出す「海外転出届」と、税務署に出す**「納税管理人」**の選任と解任の届出がその機能を果たします。どの国に引っ越すかも、納税管理人の選任時に書類に明記しますから。

そういう意味で手続き自体は簡単だったんですけど、ショックだったのが「非居住者」扱いになったときの税務処理。脱税を防ぐためなんでしょうけど、源泉徴収がそれまでの2倍の一律20.42％になったうえに、消費税も請求できないと言われて、3割くらいの収入ダウンになったんです。

それは痛いですね。消費税はその性質上、仕方ないとしても、アメリカと日本は二重課税を回避するための租税条約※を結んでいるので、**「租税条約に関する届出書」**をアメリカの税務当局に出せば源泉徴収額は減免できるはずですけどね。

※ 正式名称は「所得に対する租税に関する二重課税の回避及び脱税の防止のための日本国政府とアメリカ合衆国政府との間の条約」（日米租税条約）

それはいろんな出版社の経理担当者からも言われました。「租税条約の届出書はありますか？」って。でも租税条約の届出書を出すにはアメリカの居住者証明が必要で、その証明がコロナで遅れに遅れたりして、結局、申請することもなく帰国したんですよ（涙）。

それはアンラッキーでしたね。

居住者と非居住者のちがいって？

でもおっしゃるように、海外に活動拠点を移すときの一番のポイントは**日本の「居住者」か「非居住者」か**です。

1年未満の転勤などで住民票を抜かないなら「居住者」のままで税制上の扱いは変わりませんが、「役所に海外転出届を出して住民票を抜きました」というだけで「非居住者」扱いになるわけでもないんです。

郷さんの場合のように配偶者が転勤で海外の事務所で働くことが明確にわかっている場合（＝海外赴任証明書がある場合）、文句なしに日本を出国した日から「非居住者」です。

あとは2年以上海外に住む予定の人や、結果的に2年以上海外に住んだ人も「非居住者」になります。

でも、海外に引っ越したけれども頻繁に「一時帰国」をして、トータル**6か月（183日）以上日本に滞在していたら「それってただの海外出張ですよね？」と言われて、居住者扱いされます。**6か月を超えなくても、日本に家や仕事場があったら怪しまれることもあります。

でも仕事柄、頻繁に帰国しないといけない人もいますよね？

います。だからそういう人ほど確実に海外に拠点を移したと判断されるように、事務所や住居をきれいさっぱり解約して、捨てたくないものはトランクルームなどに預けて、一時帰国するときはホテルやウィークリーマンション住まいを選ぶ人もいます。

実態まで見られるんですね。

税務署ににらまれた場合ですけどね。

非居住者は銀行口座を解約される!?

 非居住者になるときに気をつけたいのが<u>銀行口座</u>です。
基本的に日本の銀行って日本に住民票のある人しか口座を開けないんです。だから多くの銀行では非居住者の口座を解約したり、海外からのインターネットバンキング利用に制限を設けていたりします。

 そうでした！　私も出発直前にそのことに気づいて急いで銀行に行ったんですけど、「申請に3週間かかる」と言われてあきらめたんです。
結果的に日本へ送金をすることが一度もなかったので、現地ではデビットカードやクレジットカードだけでなんとかなりましたけど、非居住者だとバレて口座が解約されるんじゃないかという不安はずっとありました。

 だから、海外移住する人は自分の銀行の方針をちゃんと調べて必要に応じてメインバンクを変えたり、届出を出したり、非居住者や海外転勤者向けのサービスに加入しないといけません。

2024年6月1日現在、非居住者向けのサービスを提供しているところを挙げておきますね。

> **三菱UFJ銀行**　グローバルダイレクトに加入すればOK
> **三井住友銀行**　SMBCダイレクト・グローバルサービスに加入すればOK
> **ゆうちょ銀行**　非居住者の届出と代理人の委任が必要
> **ソニー銀行**　住所変更と代理人の登録が必要
> **SMBC信託銀行プレスティア**　住所変更の届出が必要
> **みずほ銀行**　「海外転勤者向け日本国内送金サービス」がある
> **りそな銀行**　解約されないがインターネットバンキングの利用不可

とまあ、海外移住に関してはこんな感じですかね。

小山先生、なんでまだ日本にいらっしゃるんですか？

 会社自体としては私が遠隔で回せるくらい人材は育ててきたんですけど、創業当初からお付き合いのある大事なクライアントとか、私自身が日本で抱えている仕事を手放せていないんです。それをうまく部下にシフトできれば、いますぐにでも行きたい感じです。

 不安とかは？

 不安要素は対処法を考えておけばいいだけなので、期待しかないですね。**ビジネスチャンスは無限にあるので。**

 じゃあ、今度またお仕事をご一緒するときはプーケットかペナン島あたりで取材しましょう（笑）。今回はいろんな疑問を晴らしていただいてありがとうございました。

 こちらこそ！

安定よりも自由を選ぶ。
夢のある生き方を、
これからも全力で応援します！

　最後までお読みいただき、ありがとうございました！　フリーランスが知っておきたいお金にまつわる知識について、できるだけわかりやすく、かつ網羅的な解説を試みましたが、いかがだったでしょうか？

　日本経済全体が縮小傾向にあり、将来の見通しもあまり芳しくないなかで、フリーランスという働き方に不安を持つ方も多いかと思います。

　しかし、私は社会が不安定なときこそ特定の組織に自分の人生を委ねるのではなく、自分を鍛えつづけ、自分で判断を下し、自分の力量で稼いでいくフリーランスという働き方は非常に合理的な選択だと思っています。

　裸一貫で社会の荒波に直接もまれることで自分を早く成長させられますし、兼業・副業・ピボット・リスキリングもし放題。とにかく圧倒的な柔軟性がフリーランスの強みです。

　とくにみなさんはこの本でマネーリテラシーやタックスリテラシーの理論武装ができたわけですから、明るい未来が待っていると信じています。

　さて、私たちが暮らす日本は資本主義と自由主義を原則とした社会です。法を順守している限り、どんな仕事をしてもいいし、どこに住んでも構いません。仕事に全力を注ぐ人生を送ってもいいし、家族や趣味のために生きることもできます。

　そんな資本主義社会では、ほぼすべての取引に「交換チケット」として貨幣が利用されるため、お金にまつわる悩みを避けることはできません。この悩みを薄めるひとつの手段として、「あえてお金を軽視する」という荒ワザもあります。

今回、聞き手を務めていただいた郷さんはその典型かもしれませんが、仕事を通した社会貢献や自己実現に重点を置き、お金にまつわることは最低限のことしか気にしない、といった生き方です。要は「いい仕事をしていればいいだろ」という考え方。

　個人的にはこうした職人気質の生き方・働き方は好きです。しかし、少しもったいない気持ちもあります。

　なぜなら会社員と違って**フリーランスは自らお金の主導権を握ることができる**ので、マネーリテラシーやタックスリテラシーを少し高めるだけで、同じアウトプットを出すにしてもその対価を高めたり、無駄な支出を抑えたりすることができるからです。

　とくに支出に関しては、100％合法な節税テクニックや、公的な融資や補助金などの制度があるのに、そうしたことに対して無頓着な人が多すぎる気がしています。

　言ってみれば、バケツに水を注ぐ努力はそれなりにするのに、バケツに開いた穴は放置しているような状態。

　とくに会社員生活が長かった人ほど税金や社会保険料が自動的に引かれる感覚に慣れているので、「お金が引かれるのは仕方がないこと」と思っているのかもしれません。でも本書でいろいろお伝えした通り、フリーランスはやり方次第で自分で稼いだお金を守ることができます。

　結局、資本主義社会においてはお金をたくさん持っている人ほど、「交換できるものが増える＝人生の選択肢が増える」という現実があります。そして選択肢が多ければ多いほど、苦痛に耐えないといけない場面を避けられるようになっていきます。

　たとえば、収入に余裕が生まれてくれば自分が苦手な仕事は受けなくてもよくなりますし、まとまったお金があればビザの取得のハードルが下がり、海外に活路を見いだしやすくなるわけです。

　単に選択肢が多いだけではなく、**「自分の幸せにつながる選択肢が多くある状態」**。それが本当の意味での「自由」ではないかと私は思います。

私が新卒で入社した大手会計事務所は給料も良く、会計士として働くには天国のような場所でした。そんな生活をあえて捨て、茨の道になることがわかっていた起業の道をわざわざ選んだのは、会社員を続ける限り、「究極の自由」は得られないと気づいたからです。

「究極の自由」とは不安要素が少ない精神的自由、自分の好きなものを買える経済的自由、1日の過ごし方を自分で決められる時間的自由、どんな人と付き合うかを選べる社会的自由、好きなところに住める地理的自由などをすべて得た状態のこと。
　私はこの「究極の自由」を獲得することを30代の目標にすると決意し、そのためにはもっと速いペースで成長しないといけないし、自分にどんどんレバレッジを掛けないといけないと思い、経営者の道を選びました。

　独立するにあたって、「もうちょっと会社で経験を積めば？」という声もたくさんありました。まだまだ若輩者で未熟であったことは百も承知でしたが、むしろ若かったからこそ「うまくいかなかったら失敗から学んで再挑戦すればいい」と思っていましたし、そもそもあと10年会社に残っても、「経営者としての経験」は積めないことははっきりしていたので、私に一切の躊躇はありませんでした。

　フリーランスになる目的は人によっていろいろあるはずです。私のように究極の自由を求めて最短で成長し、効率よく稼ぎたいという人もいれば、育児や介護と仕事の両立をしたいから独立するという人もいるでしょう。そこに共通して言えるのは、「一度しかない人生を自分の生きたいように生きやすくすること」です。

　多くのしがらみから解放されることで一時的に「自由」は実感できます。しかし、当たり前ですが「フリーランスになったらお金が儲かる」「フリーランスになったら幸せになれる」といった直接の因果関係はありません。あくまでも、「フリーランスになったらお金が儲かる仕組みを構築しやすくなる」「フリーランスになったら自分にとっての幸せを追求しやすくなる」というだけです。
　せっかくフリーランスという働き方を選ぶなら、マネーリテラシーを高め、

効率よくお金を稼ぎ、もう一段上の「幸せにつながる自由」を目指してはどうでしょうか。

　そのマネーリテラシーに関して最も重要なポイントは、「攻め」と「守り」の両方を意識することです。

　たとえば極端に「守り」の意識が強い人は、生活が破綻する可能性は低くなるかもしれませんが、「攻め」の機会まで抑制するとジリ貧の戦いがずっと続くことになります。それではいつまでたっても安心感（＝精神的な自由）は得られないかもしれません。

　逆に極端に「攻め」の意識が強い人は、少しだけ「守り」も意識してみれば大化けする可能性を秘めています。「守り」には限度がありますが、「攻め」には限度がないからです。会社員と違って収入が青天井になるのがフリーランスの魅力です。

　そういう攻めのタイプの人でどうしても本業に専念したいというなら、「守り」に関しては税理士などのお金のプロに協力を仰ぐことも検討してみてはどうでしょうか。

　バケツの穴を最小化した状態で、儲けを最大化するのが資本主義社会における「正しい努力」の仕方であり、「人生のコスパ」で考えても最良の方法だと思います。

　最後に、本書は編集者の三輪謙郎さん、ライターの郷和貴さんはじめ素晴らしいチームのおかげで完成しました。またファクトチェックにあたっては当社の公認会計士、武城良平の力を借りました。ありがとうございました。

　そしてなにより、こんな私に出版オファーがくるようになったのは、私のSNSをフォローしていただいている10万人を超えるフォロワーのみなさんのおかげです。本当にありがとうございます。

　私の人生のミッションのひとつは「マネーリテラシーを義務教育に導入すること」です。その実現に向かってこれからも全力で活動することを誓って、本書を締めくくりたいと思います。

　またどこかでお会いしましょう！

小山晃弘

小山晃弘（こやま・あきひろ）

税理士法人小山・ミカタパートナーズ代表。公認会計士、米国公認会計士、税理士。同志社大学卒業後、最大手監査法人デロイト・トウシュ・トーマツで勤めたのち、独立。「型破りな会計士」としてYouTubeでは熱狂的なファンに支えられ、チャンネル登録者数10万人を達成。再生回数は異例の2200万回を超える。複数法人を経営しながら、起業支援や営業支援コンサルティングも行い、大学や資格の学校などで教育者としても活躍中。

YouTuber公認会計士がギリギリまで教える

フリーランスになったら
まっさきに読むお金と税金の話

2024年12月31日　第1刷発行

著　者	小山晃弘	
発行者	佐藤 靖	
発行所	大和書房	
	東京都文京区関口1-33-4　〒112-0014	
	電話　03 (3203) 4511	

ブックデザイン	藤塚尚子 (etokumi)
本文DTP・図版制作	石割亜沙子 (Isshiki)
編集協力	郷 和貴
イラスト	meppelstatt

本文印刷	厚徳社
カバー印刷	歩プロセス
製本所	ナショナル製本